大学生创新创业教育理论与实践探索

李 俊 著

中国纺织出版社有限公司

内容提要

为适应经济社会发展趋势和国家发展战略的需要，创新创业教育应运而生。对大学生开展创新创业教育，有利于提高人才综合素质，增强大学生创新能力，使大学生提前做好职业生涯规划。本书共六章，对创新与创业的基本理论进行了说明，分析了如何培养创新能力及创新精神，介绍了挖掘创新机会、选择创业项目的方法，阐述了创业计划书的编写与创业风险的规避，并探索了商业模式与创办新企业的实践问题。本书适合关注高校就业、大学生创业问题的读者阅读。

图书在版编目（CIP）数据

大学生创新创业教育理论与实践探索 / 李俊著 .-- 北京：中国纺织出版社有限公司，2024.3
ISBN 978-7-5229-1520-3

Ⅰ.①大… Ⅱ.①李… Ⅲ.①大学生－创业－教育研究 Ⅳ.①G647.38

中国国家版本馆 CIP 数据核字（2024）第 059502 号

责任编辑：于 泽　段子君　　责任校对：高 涵　　责任印制：储志伟

中国纺织出版社有限公司出版发行
地址：北京市朝阳区百子湾东里 A407 号楼　邮政编码：100124
销售电话：010—67004422　传真：010—87155801
http://www.c-textilep.com
中国纺织出版社天猫旗舰店
官方微博 http://weibo.com/2119887771
河北延风印务有限公司印刷　各地新华书店经销
2024 年 3 月第 1 版第 1 次印刷
开本：710×1000　1/16　印张：12.5
字数：188 千字　定价：99.90 元

凡购本书，如有缺页、倒页、脱页，由本社图书营销中心调换

前　言

创新创业教育是我国为实施创新驱动发展战略，推进"大众创业、万众创新"，建设"创新型国家""科技强国"所提出的重大措施，也是深化高校教育教学改革，提高大学生人才培养质量和就业能力的重要途径。其目的在于唤醒大学生的创新创业意识，培育创新精神，提升创业能力，使大学生掌握创业活动的内在规律和所涉及的关键环节，从而理性地规划自身的职业发展方向。为了"提高自主创新能力，建设创新型国家"和"促进以创业带动就业"，教育部要求各地大力推进创新创业教育，加强创业基地建设，进一步落实和完善大学生自主创业扶持政策，强化创业指导和服务，推动创新创业教育和大学生自主创业工作实现突破性进展。

本书是研究大学生创新创业方向的书籍，主要对大学生创新创业教育理论与实践进行了探索，从创新与创业概述入手，对创新与创业的内涵、创新创业教育的理论基础进行了简单的介绍，然后对创新创业思维与创新方法进行了分析研究，并对创新能力培养探索与精神培育、创新机会与创业项目、创业计划书与创业风险做了一定的介绍，最后对创新创业商业模式与创办新企业实践提出了一些建议。本书旨在摸索出一条适合大学生创新创业科学道路，帮助大学生在创业中少走弯路。

本书参考了大量的相关文献资料，借鉴、引用了诸多专家、学者和教师的研究成果，已在参考文献中列出，如有个别遗漏，恳请作者谅解并及时和我们联系。本书写作得到很多领导与同事的支持和帮助，在此深表谢意。由于能力有限，时间仓促，虽极力丰富本书内容，力求著作的完美无瑕，历经多次修改，仍难免有不妥与遗漏之处，恳请专家和读者指正。

李俊

2024 年 1 月

目　　录

第一章　创新与创业概述 ·· 1
  第一节　创新与创业的内涵 ·· 1
  第二节　创新创业教育的理论基础 ·································· 19

第二章　创新创业思维与方法 ····································· 35
  第一节　思维与创新思维 ·· 35
  第二节　主要的创新方法 ·· 53

第三章　创新能力培养探索与精神培育 ······················ 75
  第一节　创新能力培养探索 ·· 75
  第二节　创新精神培育 ·· 85

第四章　创新机会与创业项目 ····································· 93
  第一节　创新机会发现 ·· 93
  第二节　创业项目选择 ·· 108

第五章　创业计划书与创业风险 ································· 117
  第一节　创业计划书 ·· 117
  第二节　创业风险 ·· 137

第六章　创新创业商业模式与创办新企业实践 ············ 153
  第一节　创新创业的商业模式 ·· 153
  第二节　创办新企业实践 ·· 158

参考文献 ··· 189

第一章 创新与创业概述

第一节 创新与创业的内涵

一、解读创新

(一) 创新的概念

商务印书馆出版的《现代汉语词典》对"创新"的解释为:抛开旧的,创造新的,指创造性,新意。对于创新教育,上海辞书出版社出版的第六版缩印本《辞海》给出的解释是"产生于20世纪90年代的一种教育思想,主张教育以培养创新型人才为目标,着力促进人的创新精神和创新能力的发展"。

社会学家认为,创新是人们为了发展的需要,运用已知的信息,不断突破常规,发现或产生某种新颖、独特的有社会价值或个人价值的新事物、新思想的活动,其本质是突破,即突破旧的思维定式,旧的常规戒律。

经济学家认为,创新是利用已存在的自然资源或社会要素创造新的矛盾共同体的人类行为,或者可以认为创新是对旧有的一切所进行的替代、覆盖。创新是指以现有的思维模式提出有别于常规或常人思路的见解为导向,利用现有的知识和物质,在特定的环境中,改进或创造新的事物(包括但不限于各种方法、元素、路径、环境等),并能获得一定有益效果的行为。

创新到底是什么?创新是以新思维、新发明和新描述为特征的一种概念化过程。其源于拉丁语，原有三层含义：一是更新，二是创造新的东西，三是改变。创新是人类特有的认识能力和实践能力，是人类主观能动性的高级表现形式，是推动民族进步和社会发展的不竭动力。一个民族要想走在时代前列，就一刻也不能没有理论思维，一刻也不能停止理论创新。创新在经济、商业、技术、社会学及建筑学等领域的研究中有举足轻重的分量。人们常用"创新"一词表示改革的结果。改革被视为经济发展的主要推动力，促进创新的因素也被视为至关重要的。准确地说，创新是创新思维蓝图的外化、物化。

（二）创新的哲学内涵

创新从哲学上说是人的实践行为，是人类对于发现的再创造，是对于物质世界的矛盾再创造。人类通过物质世界的再创造，制造新的矛盾关系，形成新的物质形态。

创新的内涵如表1-1所示。

表1-1　创新的内涵

内涵	分析
物质的发展	物质形态对于我们来说是具体矛盾。我们认识的宇宙与哲学的宇宙在哲学上代表了实践的范畴与实践的矛盾世界两个不同的含义。创新就是创造对于实践范畴的新事物，任何有限的存在都是可以无限再创造的
矛盾是创新的核心	矛盾是物质的本质与形式的统一。物质的具体存在者与存在本身都是矛盾的，任何以人的自我内在矛盾创造的新事物都是创新
人是自我创新的结果	人以创新创造出人对于自然的否定性发展。这是人超越自然达成自觉自我的基本路径。人的内在自觉与外在自发构成内在必然与外在必然的差异，创新就是人的自觉自发
创新是人自我发展的基本路径	创新与积累行为构成一个矛盾发展过程。创新是对重复、简单的劳动方式的否定，是对人类实践范畴的超越。新的创造方式是创造新的自我
从认识论上看创新是自我意识的发展	自我意识的发展是自我存在的矛盾面，其发展必然推动自我行为的发展，推动自我生命的发展

从认识的角度来说，创新就是更有广度、更有深度地观察和思考这个世界；从实践的角度来说，创新就是能将这种认识作为一种日常习惯贯穿于生活、工

作和学习的每一个细节,所以创新是无限的。

(三)创新的社会意义

近代以来人类文明进步所取得的丰硕成果,主要得益于科学发现、技术创新和工程技术的不断进步,得益于科学技术应用于生产实践中形成的先进生产力,得益于近代启蒙运动所带来的人们思想观念的巨大解放。可以这样说,人类社会从低级到高级、从简单到复杂、从原始到现代的进化历程,就是一个不断创新的过程。不同民族发展的速度有快有慢,发展的阶段有先有后,发展的水平有高有低,究其原因,民族创新能力的大小是一个主要因素。

(四)科学界对创新的解读

创新是美籍奥地利经济学家约瑟夫·阿洛伊斯·熊彼特经济发展理论的核心。熊彼特在其重要著作《经济发展理论》中提出创新,并进行深入系统的阐述。虽然其研究的载体是资本主义生产过程本身,但丝毫没有影响"创新理论"对包括经济学、管理学、社会学和政治学在内的社会科学等领域产生深远影响。

对于创新的研究,熊彼特从静态经济学研究入手,以"经济循环流转"为研究对象,认为各经济主体如果按照过去的经历和习惯来"下意识"地完成以往各自的工作,属于简单再生产,这个过程只能使规模增加,而不能实现"发展"。熊彼特所说的"发展"就是创新。他认为,"创新"就是"建立一种新的生产函数",也就是把"生产要素和生产条件的'新组合'引入生产体系"。只有在打破原有循环流转的基础上产生了新组合,才能推动企业的"创新发展",企业才能产生利润;而不改变旧有循环模式,只是在原有基础上的小修小补,不算是真正意义上的创新。为此,他形象地比喻:"你不管把多大数量的驿路马车或邮车连续相加,也决不能因此获得一条铁路。"

正如他所说,如果"没有在质上产生新的现象,而只有同一种适应过程,像在自然数据中的变化一样",那并不算是真正意义上的"创新","只要发明还没有得到实际上的应用,那么在经济上就是不起作用的"。创新不仅要产生"质变",而且这种"质变"还要能得到应用,没有得到应用的和没有促进生产力发展的,最多只能算作发明。而这种"质变"很容易进入"价值判断"的范畴,因为"质变"产生了"新事物",经济社会发展对这种"新事物"的需要程度形成了对其的"价值判断"。所以,这种在促进经济社会发展和生产力进步方面的价值内涵,便是"创新"深层次的"价值观"。

而"新组合"并不容易"立"起来,因为存在打破旧有"循环模式"的阻力。正如熊彼特所说:"虽然他在自己熟悉的循环流转中是顺着潮流游泳,如果他想要改变这种循环流转的渠道,他就是在逆着潮流游泳。从前的助力现在变成了阻力,过去熟知的数据现在变成了未知数。"

熊彼特的"创新价值观"理论,对创新型人才培养观念的重要启示是:要在创新型人才培养内涵中树立"创新价值观"的理念。培养出来的创新者首先要明确自己的"行为"在未来会产生什么样的"价值",当然这种价值既包括宏观层面的促进生产力的发展,又包括微观层面的以在市场上进行交换为基础而产生价值的过程。

从创新价值角度来定义创新型人才,如"创新型人才指具有创新意识和创新能力,从事创新性活动,并能为社会和组织创造价值和贡献的人才",但更多偏重于从微观层面看待创新价值。因此,有必要在创新型人才培养的理念中树立兼顾宏观和微观价值含义的"创新价值观",这使得对于创新型人才培养内涵的认知不会泛泛地停留在理论层面,而是在实践层面使创新型人才培养有了统一的价值判断和检验标准;也不会将创新的价值含义定义在只是产生价值推动社会发展的层面,而是能够将创新型人才培养放在社会发展的大背景下进行宏观思考,摒弃了从单一视角评价创新型人才培养价值的局限性和片面性,这对于明确"培养什么样的创新型人才,怎么培养创新型人才"有了更加显著的作用,对于培养和挖掘创新型人才具有重要的理论指导意义。

对于创新型人才培养模式问题,国内外很多学者都对创新型人才的成长和培养体系进行了系统性的研究,但研究偏重于对各种要素重新组合的理论的探索,少有如何克服"新组合"过程中产生的各种惯性思维和矛盾冲突的研究。实际上,"惯性思维常会造成在思考事情时存在某些盲点,且缺少创新或改变的可能性"。惯性思维是创新的最大障碍,解决了所设计要素之间的相互冲突才能向创新的方向前进,这一点在世界级的创新方法——TRIZ(发明问题解决理论）的思想中得到了印证："TRIZ 认为产品创新的核心是解决设计中的冲突或矛盾，解决发明问题的核心是克服冲突，未克服冲突的设计不是创新设计。"借此，可以获得这样的启示，在研究创新型人才培养模式的过程中，不能只研究"新组合"内各要素之间的结构关系，更重要的是研究"新组合"形成过程中需要克服哪些惯性思维和行为，需要解决哪些要素间的冲突与矛盾。或者说，改革创新型人才培养模式的过程就是克服旧有模式中形成的惯性思维以及要素之间的矛盾冲突的过程，对原有培养模式的优化有助于对创新型人才培养模式进行改革。

（五）其他相关解读

20世纪60年代，美国经济学家华尔特·罗斯托提出了"起飞"六阶段理论，将"创新"的概念发展为"技术创新"，把"技术创新"提高到"创新"的主导地位。

美国国家科学基金会（NSF）从20世纪60年代开始兴起并组织对技术的变革和技术创新的研究。迈尔斯和马奎斯作为主要的倡议者和参与者，在其研究报告《成功的工业创新》中将创新定义为技术变革的集合，认为技术创新是一个复杂的活动过程，从新思想、新概念开始，不断地解决各种问题，最终使一个有经济价值和社会价值的新项目得到实际的成功应用。到20世纪70年代中期，他们对技术创新的界定大大扩宽了，在NSF报告《科学指示器》中将创新定义为："技术创新是将新的或改进的产品、过程或服务引入市场。"

厄特巴克在20世纪70年代的创新研究中独树一帜，他发表的《产业创新与技术扩散》指出："与发明或技术样品相区别，创新就是技术的实际采用或首次应用。"缪尔赛在20世纪80年代中期对技术创新概念做了系统的整理分析。在整理分析的基础上，他认为："技术创新是以其构思新颖性和成功实现为特征的有意义的非连续性事件。"

我国从20世纪80年代开始开展技术创新方面的研究，傅家骥先生对技术创新的定义是：企业家抓住市场的潜在盈利机会，以获取商业利益为目标，重新组织生产条件和要素，建立起效能更强、效率更高和费用更低的生产经营方法，从而推出新的产品、新的生产（工艺）方法，开辟新的市场，获得新的原材料或半成品供给来源或者建立企业新的组织,它包括科技、组织、商业和金融等一系列活动的综合过程。此定义是从企业的角度给出的。彭玉冰、白国红也从企业的角度为技术创新下了定义:"企业技术创新是企业家对生产要素、生产条件、生产组织进行重新组合,以建立效能更好、效率更高的新生产体系,获得更大利润的过程。"

进入21世纪,信息技术推动知识社会的形成及其对技术创新的影响进一步被认识,科学界进一步反思对创新的认识:技术创新是一个科技、经济一体化的过程,是技术进步与应用创新"双螺旋结构"(创新双螺旋)共同作用催生的产物,而且知识社会条件下以需求为导向、以人为本的创新4.0模式进一步得到关注。《复杂性科学视野下的科技创新》在分析科技创新复杂性的基础上,指出了技术创新是各创新主体、创新要素交互复杂作用下的一种复杂涌现现象,是技术进步与应用创新的"双螺旋结构"共同演进的产物;信息通信技术的融合与发展推动了社会形态的变革,催生了知识社会,使得传统的实验室边界逐步"融化",进一步推动了科技创新模式的改变。要完善科技创新体系,急需构建以用户为中心、需求为驱动、社会实践为舞台的共同创新、开放创新的应用创新平台,通过创新双螺旋结构的呼应与互动形成有利于创新涌现的创新生态,打造以人为本的创新4.0模式。《创新4.0:知识社会环境下的创新民主化》进一步对面向知识社会的下一代创新,即创新4.0模式进行了分析,将创新4.0模式总结为以用户创新、大众创新、开放创新、共同创新为特点的,强化用户参与、以人为本的创新民主化。

(六)如何培养大学生创新能力

1. 注重创新环境的完善、优化和利用

首先,建立创新伟大、创新崇高的社会认识,培植支持创造、欣赏创新的社会观念;其次,创新者应以马克思的环境观,即环境创造人,人也可以创造环境的观点,为自己创造一个良好的创新环境。

2. 开发影响创新能力的非智力因子

第一是养成和巩固创新意识。创新意识是创新能力形成和发展的前提和条件。创新意识并非与生俱来的,需要在学习和工作过程中逐步建立和发展,一般可采用如下方法：

①培育强烈的创新动机，创新动机是激励思考、推动行动的内在力量。

②树立坚定的创新信念，信念是事业的立足点，是成功的领航。

③保持强烈的好奇心，好奇是创新的起点、动机和驱动力，也是人们产生坚强毅力和持久耐心的源泉。

④坚持旺盛的求知欲，求知欲是人们对知识和真理的渴求程度。

⑤维持适度的怀疑感，适度怀疑是创新的向导、思维的解剖刀和放大镜。

⑥培养献身的精神，献身是一种高尚的心理品德，它极易转化为强大的精神力量。

⑦强化进取的心态，进取心是大学生积极向上、奋力拼搏的动力来源。

⑧形成开放的意识。

⑨铸造自立的观念，这是成为创新型人才的重要一步。

⑩破除定式思维，思维定式是阻碍大学生发挥创新力的重要因素，应让大学生不断吸纳新思维精髓、培养新思维精神、研究新思维方式、破除思维定式带来的刻板性、僵化性和固定性。

第二是激发和维持创新动机。创新动机是推动大学生进行创新活动的原动力，对于开发大学生创新能力具有十分重要的指导作用、激励作用和强化作用。首先，要从强化动机着手，培养他们的好奇心、好胜心、挑战心理，同时要培养他们的时代感、使命感、奉献精神，使他们产生巨大的前进动力。其次，要充分认识到，动机是由人的需要引起的，并在这种需要达到某种强度时产生。因此，要深入实际，了解和研究大学生在学习、生活和工作中的各种需要，特别是了解和研究国家和社会的需要，从而引发出强烈的创新动机。

第三是培养良好的创新个性。良好创新个性的养成应从以下五方面着手：培养大学生勤奋守时的品德。培养大学生独立自主的意识。培养大学生善于推陈出新的品格行为。培养大学生勇于质疑问难的品格。培养大学生善于合作交往的能力。创新不仅是个人独具匠心的智慧结晶，也是集体智慧碰撞而发出的耀眼夺目的火花。

第四是激发和培养创新情感。良好的创新情感可使大学生保持高昂的创新热情和饱满的创造斗志；培养大学生高尚的道德情感。培养大学生发现美、欣赏美、创造美的情感体验。适当的幽默和适时的放松。培养创新激情。

第五是锻造和培养创新意志。当代大学生面临的创新竞争日趋激烈，这就需要大学生具有顽强的创新意志：消灭畏难情绪，确立勇敢果断的决心。克服自卑心理，树立坚定不移的信心。改变懒惰习性，培养坚韧不拔的恒心。要有雄伟的胆魄。要有顽强的毅力。

3. 开发、培养和提升创新能力

（1）创新能力开发的方法（模式）

第一，戴维斯 AUTA 模式。戴维斯提出的由四个环节构成的创新能力开发模式，描述了开发创新能力的各个步骤，概括了有关原理，从而为强化创新意识和态度、提高创新思维能力、掌握创新方法提供了一个合理安排教学内容和教学活动的框架。

这个模式由意识（awareness）、理解（understanding）、技法（techniques）和实现（actualization）四个环节组成，各取第一个字母，即 AUTA 模式。

第二，奥斯本—帕内斯创新性解题训练模式。根据奥斯本的创新过程理论，帕内斯制定了创新性解题模式（CPS）。CPS 的五个阶段都要首先进行发散思维，随后进行收敛思维。该模式的教学目标是：使学习者善于发现问题；使学习者能够确定问题；使学习者能够打破习惯性思维；使学习者学会推理判断；使学习者学会看出新的关系；使学习者能评价行动的后果。

（2）创新能力开发的专项训练模式

其一，提高认识问题能力的训练。其二，树立创新的积极态度的训练。其三，提高说服力的训练。

4. 训练、养成和提高创新性思维

（1）创新性思维的训练

加强大学生创新性思维的训练和提高，目的在于促使大学生努力探索事物存在、运动、发展和联系的各种可能性，摆脱习惯思维的单一性及传统思维模式的僵化性。主要着眼于以下几类思维能力的训练：探索性思维能力，体现在大学生是否敢于对已知的结论和实施产生怀疑，是否敢于面对压力提出自己的新见解，是否敢于在自己不太熟悉的领域去探索新问题；运动性思维能力，即要敢于并善于打破思维僵化的禁锢，使思维朝着正面、逆向、纵向、横向及全向自由运动；选择性思维能力，在无限的创新与发明课题中，选择的能力尤为重要；综合性思维能力，创新的过程是人类大脑将收集到的信息综合起来并产生新信息的过程，为适应这种需要，必须训练并培养大学生提炼内涵、把握精髓、举一反三、高度概括的综合性思维能力。

开发创新性思维的常用方法有以下几种：头脑风暴法，由美国发明家奥斯本首创，即一组人员通过开会的方式对某一特定问题出谋献策、群策群力、解决问题；纵向思维法，即将思维发展方向从纵向的发展上延伸，依照各个步骤和发展阶段进行思考，从上一步想到下一步，从而设想、推断出下一步的发展趋向，确定研究内容和目标；颠倒思维法，即将思考对象的整体、部分或有关性质颠倒过来，以求得新的思维产物；克弱思维法，即克服有关事物的弱点，以此作为创新性思维的突破点；信息交合法，即在求异思维中，利用各种信息进行重新组合排列，从而产生新颖、独特的创新性信息。

（2）激发灵感思维

第一，创新灵感要在长期积累的前提下偶然得之，灵感的出现离不开知识素材的积累，积累是量变，灵感跃现是质变。

第二，创新灵感要在有意追求的过程中无意得之，有意追求是指紧张勤奋的思维劳作加上矢志不渝的创新指向。

第三，创新灵感要在循常思维的基础上反常得之，循常思维是一种遵循常规路线的循轨思维。

第四，创新灵感要在良好的精神状态下怡然得之，灵感的出现有赖于良好的精神状态，忧心忡忡、萎靡不振、心绪烦乱会把灵感赶走。

第五，创新灵感要在和谐的环境中欣然得之，优美、整洁、宁静的自然环境和宽松、愉悦、祥和的社会环境，更利于引发灵感。

（3）充分发挥学校在培养学生创新思维中的作用

其一，应树立学生在创新思维培养中的主体地位，让学生通过自己的摸索中找到答案，从而激发学生的创新兴趣，让学生深入了解创新方法，培养创新精神；其二，积极开展艺术教育，全面发展学生的创新思维；其三，为学生提供轻松环境，尽量减少对学生思维的限制，对学生的想法不批评、不指责，而是加以引导；其四，改变测试方法和评价标准，促进学生的创新思维发展；其五，鼓励学生勇敢尝试，只有不断地尝试，学生才会体会到创新的乐趣，体会到创新成功后的成就感。

二、解读创业

（一）创业的概念与内涵

有学者认为创业有广义和狭义之分，广义的创业是指创办新的企业，以谋取商业利益的活动。狭义的创业是指创业者的生产经营活动，主要是开创个体和家庭的小业主。笔者认为，创业在本质上是一种新价值的创造活动，其既包括创办新的企业，也包括企业内部新业务的开展，前者可称为个人创业，后者可称为公司创业。

杰夫里·提蒙斯所著的创业教育领域的经典教科书《创业创造》对创业的定义是：创业是一种思考、推理结合运气的行为方式，它被运气带来的机会驱动，需要具备全盘考虑的视角并拥有和谐的领导能力。创业是创业者对自己拥有的资源或通过努力能够拥有的资源进行优化整合，从而创造出更大经济或社会价值的过程。创业是一种劳动方式，是一种需要创业者运营、组织并运用服务、技术、器物作业的思考、推理和判断的行为。

科尔从商业领域的角度，把创业定义为：发起、维持和发展以利润为导向的企业有目的性的行为。在商业意义上，创业被理解为创造新事物（新产品、新市场、新生产过程或原材料、组织现有技术的新方法）的机会，如何出现并被特定个体发现或创造，如何运用各种方法去利用和开发它们，然后产生各种结果。通俗地讲，即发现了一个商机并以实际行动将其转化为具体的社会形态，在此过程中获得利益，实现价值。

（二）创业者的类型

随着经济的发展，投身创业的人越来越多，《科学投资》调查研究表明，国内创业者基本类型如表1-2所示。

表1-2 国内创业者基本类型

类型	含义
生存型创业者	生存型创业者大多为下岗工人、失去土地或因为种种原因不愿困守乡村的农民，以及刚刚毕业找不到工作的大学生。这是中国数量最大的创业人群。清华大学曾做的一个调查报告指出，这种类型的创业者占中国创业者总数的90%。其中许多人是为了谋生，一般创业范围均局限于商业贸易，少量从事实业，实业也基本是小型的加工业
主动型创业者	主动型创业者可分为两种，一种是盲动型创业者，另一种是冷静型创业者。前一种创业者大多极为自信，做事冲动。这种类型的创业者大多是博彩爱好者，喜欢买彩票，而不太喜欢检讨成功概率。这样的创业者很容易失败，但一旦成功，往往就是一番大事业。冷静型创业者是创业者中的佼佼者，其特点是谋定而后动，不打无准备之仗，或是掌握资源，或是拥有技术，一旦行动，成功概率通常很高
赚钱型创业者	赚钱型创业者除了赚钱，没有什么明确的目标，他们就是喜欢创业，喜欢做老板的感觉。他们不计较自己能做什么、会做什么。可能今天在做着这样一件事，明天又在做着那样一件事，他们做的事情之间可以完全不相干。甚至其中有一些人对赚钱没有明显的兴趣，也从来不考虑自己创业的成败得失。奇怪的是，这一类创业者中赚到钱的人并不少，创业失败的概率也并不比那些兢兢业业、勤勤恳恳的创业者高，而且这一类创业者大多过得很快乐
反欺诈委托加盟	反欺诈委托加盟是一个新的业务模式。加盟投资商委托一家公司帮着加盟策划，以规避加盟风险和引进合适的加盟项目，比如万城网推出的各县区区域加盟就是典型的加盟创业。反欺诈委托加盟绝对不只是简单地为加盟投资商推荐一家连锁企业，而是从加盟创业、维权、店铺经营这三个方面进行整体策划。这一全新的概念是由伦琴反欺诈加盟网提出的

三、解读创新创业教育

（一）何谓创新教育

学界对创新教育的定义林林总总，有代表性的观点有如下三种：

①创新教育是指利用遗传与环境的积极影响，发挥教育的主导作用，充分调动学生认识与实践的主观能动性，注重学生的主体创新意识、创新精神、创新技能的唤醒和开发培育，形成创新人格，以适应未来社会需要和满足学生主体充分发展的教育。

②创新教育是随知识经济兴起而出现的一种新的教育理念，要求教育以创造为本体，培养学生的创新意识、创新能力、创新人格。

③创新教育可以理解为知识经济和信息时代所需要的，以培养学生创新意识、创新精神、创新能力、创新技能为目标的，以现代大学为主要实现机制的教育观念、教育思想、教育形式和教育模式。

总的来说，对创新教育的定义可以分为两种：一是把创新教育定义为一种相对于守成教育、接受教育等传统模式而言的新型教育；二是把创新教育定位为以培养创新素质（包括创新意识、创新思维、创新精神、创新能力、创新人格等）和创新人才为目的的教育活动。

（二）何谓创业教育

联合国教科文组织在北京召开的"面向21世纪教育国际研讨会"正式提出了"创业教育"的概念——从广义上说，创业教育是为了培养具有开拓性的个人。关于"创业教育"的概念和内涵，学界存在诸多观点，大致有以下表述：

①大学生创业教育，就是通过高校课程体系、教学内容、教学方法的改革以及第二课堂活动的开展不断增强大学生的创业意识、创业精神和创业能力，并将其内化成大学生自身的素质，以催生时机成熟条件下的创业人才。

②创业教育是开发和提高学生创业基本素质的教育，是一种培养学生的事业心、进取心、开拓精神、创新精神，进行从事某项事业、企业、商业规划活动的教育。

③创业教育应体现为以人的创新能力和综合素质的培养为核心的广义的创业教育和以创业基本素质与具体创业技能的培养为主要目标的狭义的创业教育的结合。

④创业教育是指开发和提高青少年的创业精神和创业能力，培养未来企业家的教育思想和教育实践，是相对就业教育而言的一种教育理念、教育模式，创业教育就是培养学生创业意识、创业精神和创业能力的教育。

此外，众多学者都从广义和狭义两方面对创业教育进行定义，但对两方面内容的界定则存在诸多不同：有学者认为广义的创业教育指以激发学生创业意识，培养、开发学生创业素质与能力为核心，以培养可能的未来企业家为最高目标的教育；狭义的创业教育指创业培训，以培养自主创业、自谋职业的小老板为唯一目标，通过培训为受训者提供创业所需的知识、技能、技巧和资源，使其能开创自己的事业。还有学者认为，广义的创业教育是"培养具有开创性的人，通过相关的课程体系，提高学生的整体素质和创业能力，使其具有首创精神、冒险精神、创业能力、独立工作能力以及技术、社交和管理技能"；狭义的创业教育则指"为创办企业所接受的职业教育"。

（三）创新教育与创业教育

关于创新教育与创业教育的关系，学界存在诸多看法：

①创新教育是创业教育的基础与起点，创业教育是要培养受教育者的创新意识、创新思维、创新人格，锻炼其创新能力，"创业教育是创新教育的进一步延伸和实用化，是一种更高层次的素质教育"。

②创新教育和创业教育有很多交集，在很大程度上是重合的。两者的目标取向是一样的，都是要培养具有创新精神和实践能力的人；两者的作用是同效的，创新教育使创业教育融入了素质教育的要求，创业教育则使创新教育变得更为具体实在。当然，两者也有差别，创新教育注重的是对人的发展的总体把握，更注重创新思维的开发。而创业教育则更注重如何实现人的自我价值，侧重于培养实践能力。但两者的共性要远远大于其个性。

③创新是人类社会发展的根本动力，没有教育领域内的创新，就难以有人类社会的发展，创新教育是知识经济时代的内在要求，是中国高等教育顺应经济全球化的需求。

笔者认为，创业教育与创新教育密不可分。首先，"创新"与"创业"二者实质上紧密相关，创新是创业的本质，创业是创新的载体和表现形式，创新也只有通过创业才能实现其更大的价值。"在创新中创业，在创业中创新"是创新创业的应有之义。其次，创新教育与创业教育更是密不可分。二者都是一种全新的教育理念和教育模式，相辅相成。创新教育与创业教育的目标取向是同向的、功能作用是一致的，都是为了培养学生的创新精神和实践能力。创新教育是创业教育的基础、本质与核心；创业教育是创新教育的典型形式和延伸，也是衡量和检验创新教育质量的主要标准。

创新教育与创业教育的区别则在于创新教育更侧重于理念，创业教育更侧重于实践。创新教育是以培养学生创新精神和创业能力为基本价值取向的教育，注重的是对人的发展总体的把握，表现更抽象，注重观念、思想和制度等主观层面的把握，不易量化，主观性更强；而创业教育是开发并提高学生创业基本素质，培养创业意识，形成创业初步能力的教育，注重的是人的价值的具体体现，表现更具体，更注重行动、结果等客观层面的把握，容易量化，客观性更强。

从发达国家创新创业教育的成功实践来看，基于创新创业教育天然的内在联系，通常把创新创业教育视为一体，即便某个学校明言自己某个计划是"创业教育"，实质上还是"创新创业集合"。因此，在创新创业教育中，不应把"创新"与"创业"、"创新教育"与"创业教育"割裂开来。

（四）创新创业教育的内涵性质

1. 创新创业教育是"四创"合一教育

创新创业教育是创造、创新、创业、创优合一的教育。创造是一种思维方式，创业是一种生存方式，创新是一种发展能力，创优是一种精神品质。从最广泛意义上讲，所有新颖的、独特的、具有价值的物质或者精神成果都属于创新，试图做出这种创新性成果的活动过程就是创造，利用商业机会和社会资源将这种创新性成果（产品及服务）具体应用于生产经营活动、增长社会财富的动态过程就是创业，而创优则贯穿创造、创新和创业的始终。也就是说，创造就是提出新想法、造出新产品、构建新理论的一个从无到有的过程；创新就是对现有事物的再认识、再发现；创业则是在创新和创造的基础上，将创新和创造的结果应用于资本、技术、管理、制度等方面，产生经济效益和社会效益；创优则是创造、创新和创业的升华。

创新创业教育就是以培养创造性思维、创新精神、创新能力、创优意识为目的的教育形式，其注重人的主体精神和全面发展。

2. 创新创业教育是新型素质教育

人类社会的教育经历了从守业教育到素质教育再到创新创业教育的伟大变革。守业教育属于传统教育模式，即以保守的教育思想为指导，以注重传统和维护现有秩序为宗旨的教育活动。守业教育以继承为本位，忽略了人的创造性，"重教有余，重学不足；灌输有余，启发不足；复制有余，创新不足"是守业教育的典型特征，学生"应试能力强，动手能力、实践能力差"是守业教育的结果描述。在反思传统教育模式的基础上，一种新的教育理念和教育模式——素质教育应运而生。素质教育注重培养人的健全人格和综合能力。

随着工业4.0时代的到来，高等教育迈入大众化阶段，创新创业教育成为历史必然。创新创业教育是素质教育发展的新阶段，是知识经济时代素质教育的具体要求和新型体现。创新性思维、创新精神、创业能力、创优意识是新时代人最重要的素质，创新创业教育则是以上述学生素质为培养目标的教育实践活动，具有创新性、实践性、主体性、互动性等特征，是素质教育的深入与发展、延伸和拓展。创新创业教育也使素质教育的目标更具体、更升华、更具有操作性，也更与时俱进。当今各国都非常重视创新创业教育，我国亦将创新创业教育作为突破口，改革教育体制，全面推进素质教育。

3.创新创业教育并非独立的教育体系

与基础教育、职业教育、继续教育三大教育体系相比，创新创业教育在发达国家的独立化趋势越来越明显，但其本身并不是一个独立的教育体系。创新创业教育仍采用建立在这三大体系基础上的教育理念、教育思想、教育形式和教育模式，创新创业教育融合、贯穿于三大教育体系之中。诚然，创新创业教育模式是对传统守成性、适应性、专业性教育模式的改造、延伸和提升，但其不能脱离传统教育模式而存在，只是其更强调基础教育、职业教育、继续教育的融合，更注重知识教育、能力教育和情感教育的结合。

（五）创新创业教育的基本特征

创新创业教育是对传统教育模式的超越，突出表现为教育受众的主体性和全员性、教育形式的实践性和多样性、教育方法的引导性和前瞻性、教育过程的开放性和互动性。

1.教育受众的主体性和全员性

创新创业教育是一种面向未来的教育模式，高等教育已经从精英化迈入大众化阶段，创新创业教育是高等教育改革和发展的方向；创新创业教育面向的不只是那些拥有创业意向的毕业生或者大学生，而是所有学生，因为那些走向工作岗位的学生在自己的领域、战线上开创自己的事业也属于创业。

2. 教育形式的实践性和多样性

创新创业是一种实践性活动，这决定了创新创业教育同样必须具备非常明显的实践性。成功的创新创业活动要求创新创业者不仅要掌握全面的创新创业知识，更重要的是具备创新创业能力，包括把握商业机会的能力、交际能力、分析能力、管理能力等，而此类能力的培养离不开实践性教学，其教育内容、教学课程、教学方法均需体现实践教学的特点。

创新创业教育的实践性教学需要多样化的教育形式做支撑。丰富的、多样化的课程体系设置、教育教学形式，使教学与社会生活和生产紧密结合，使学生不但成为教育的主体，而且成为实践的主体、创造的主体。

3. 教育方法的引导性和前瞻性

创新创业教育重在鼓励、引导和指导。与单纯的知识教育和技能教育相比，创新创业教育更注重学生创新创业意识、思维、精神等创造性观念的培养和创新创业能力的养成，注重塑造学生的创造价值观。创新创业教育不能代替创新创业活动本身，只能积极引导和鼓励学生创新创业。

创新创业教育除了承担着教育的知识传承功能，还承担着知识和技能的发展创新功能。因此，可以说创新创业教育是一种引导性、前瞻性教育，所以其具有极强的生命力和竞争力。

4. 教育过程的开放性和互动性

与传统的封闭教育模式不同，创新创业教育是一种个性化教育，尊重教育主客体在学习时间、学习内容、学习空间上自由选择，突出开放性的办学模式和多样化的教学内容，充分挖掘和整合课内外、校内外教学资源。

创新创业教育个性化培养模式要求师生之间、学生之间有更多的交流、沟通、合作，要求学生参与教学的程度更高。在这种互动性教学中，通过讨论、辩论乃至争论，理解对方的观点和看法，进一步修正自己的创新创业计划，提升创新创业能力。

（六）创新创业教育的价值意义

创新创业教育在全球的勃兴具有深刻的社会背景，是知识经济时代的客观需要，是经济持续增长的内在动力，是国家兴旺发达的显著要求，更是教育改革的必然趋势。联合国教科文组织明确指出,培养学生的创业技能和主动精神,应为高等教育主要关心的问题,并提出创新创业教育是"21世纪的教育哲学"中学习的"第二本护照",和学术教育、职业教育具有同等重要的地位。

1. 创新创业教育是知识经济时代的客观需要

20世纪90年代后,以信息技术、生物技术为代表的知识经济迅猛发展,这预示着人类已迈入知识经济时代。企业的竞争从资本、价格、产品等有形资源转变为智力资本、技术革新和管理创新等无形资源。在日趋复杂、激烈的竞争环境中,企业的管理者更需要用创新的眼光审视环境、识别风险、把握机会,用创造性的方式进行管理。

德国政府提出工业4.0这一高科技战略计划,中德双方宣布两国将开展工业4.0合作,工业4.0时代带来人才市场的重大改变:一是人在生产制造中的角色将由服务者、操作者转变为规划者、协调者、评估者、决策者、高智能设备和系统的维护者,这是对人才能力的高层次创新要求,需要通过培养新时代的创新创业人才来实现;二是智能化时代的到来必然导致更多的企业员工富余,失业率高涨,高校就业率下降。时代呼唤创新创业型人才的涌现,创新创业型人才的培养主要靠教育,大力发展创新创业教育是知识经济时代的客观需要。

2. 创新创业教育是经济持续增长的内在动力

20世纪中期,人们普遍担心困扰资本主义的经济萧条、经济衰退会再次出现。然而,半个多世纪过去了,经济衰退和经济萧条并没有出现,相反,世界经济持续繁荣。对此,经济学家进行了深入研究和分析后发现,与传统促进经济增长的资本、劳动力等要素相比,技术和教育为经济增长要素增加了一项新的测算指标,即"技术进步指数":20世纪80年代,西方经济学家提出"经济增长的四要素",把知识经济作为促进经济增长最重要的因素,视其为经济增长的主动力。

3. 创新创业教育是国家兴旺发达的显著要求

创新创业是一个国家兴旺发达的不竭动力、发展进步的灵魂。美国著名心理学家和教育学家泰勒说过:"哪个国家能最大限度地发现、发展、鼓励人们的创造潜能,哪个国家在世界上就会处于十分重要的地位,就可立于不败之地。"

创新创业对于个体而言是一种生存方式,对于国家来说则是一种发展模式。也正因为如此,许多国家都把创新创业置于国家战略的地位,尤其是在知识经济全面到来的21世纪,各国之间的竞争归根结底是创新力的竞争,是人才的竞争。

创新创业教育在培育创新型人才,鼓励、帮助和支持毕业生从事创新创业等方面有无可替代的作用,有利于毕业生拓展就业门路,为社会创造更多就业岗位,创造更多的社会财富。从当前的经济构成看,中小企业在整个国民经济中所占的比重越来越大,而毕业生创新创业初期都是从中小企业,甚至微型企业开始。这些企业在激发经济增长活力、推动社会发展方面具有重要作用。

无论是毕业生创新创业活动的活跃、成功,还是国家创新型人才的培养都离不开创新创业教育,创新创业教育是国家兴旺发达的迫切要求。

4.创新创业教育是教育改革的必然趋势

创新创业教育是知识经济时代对高等教育的必然要求。知识经济时代是一个变革时代,高科技产业迅猛发展,环境日趋复杂多变,社会竞争不断加剧,越来越强调创新、合作、共享。而高等院校是创新创业型人才的培养基地,如何构建创新创业型人才的培养体系,是当前教育改革的重大课题。这就要求国家、社会、学校重视创新创业教育的发展,转变人才培养模式,把培养创新创业型人才作为教育改革的主要目标。

创新创业教育是教育现代化时代的反映。高校具有人才培养、科学研究、社会服务、引领文化四大职能,其中,人才培养是首要的、基本的也是核心的职能。而人才培养具有自身的规律,那就是根据社会需求培养人才,把社会需求作为人才培养质量标准。广泛开展创新创业教育,对高等教育进行改革和发展,提高人才培养质量,以创新创业教育为核心,构建创业创新型人才培养模式和培养体系,培养具有创新精神和创业能力的高素质人才,这是时代的需要,也是高等教育完善自身的需要。

创新创业教育是高校教育改革的必要举措,创新创业教育越来越受到国家和社会的关注。尤其是对我国而言,高等院校如何转变观念,深化教育改革,改变传统教育模式,全面推进素质教育,培养创新创业型高素质人才,从而适应社会主义市场经济的需求,是高等教育改革工作的重中之重。

第二节 创新创业教育的理论基础

创新创业教育是高校适应经济社会和国家发展战略需要的一种教学理念与模式,是高校国际化发展的必然趋势。教育部在《关于大力推进高等学校创新创业教育和大学生自主创业工作的意见》(教办〔2010〕3号)中指出,大学生是当今最具创新、创业潜力的群体之一,因此要在高校大力开展创新创业教育。本节主要对高校创新创业教育的基本内容进行研究。

一、创新创业教育的基本内涵

创新与创业是两个密切相关的概念。没有创新精神、创新能力,创业活动就很难在竞争中获得主动权;而创业又是创新的载体,是将创新成果推向市场的重要途径。下面主要对创新创业教育的基本内涵进行阐述。

(一)创新创业教育认知

1.创新

(1)创新的含义

近年来,创新这一概念受到人们越来越多的关注,但对于其本质则众说纷纭。有人认为创新就是创造,而有人则认为两者是两个不同的概念。

从词源上看,在我国古代《汉书·叙传下》中,就有"创,始造之也"之说。我国《辞海》将创造解释为"首创前所未有的事物",特别强调其独创性和首创性。

创新是当代经济学的一个重要概念,首先提出这一概念的是经济学家约瑟夫·阿罗斯·熊彼特。他在《经济发展理论》一书中,首先使用了创新一词。他将创新定义为"新的生产函数的建立,即企业家实行对生产要素的新的组合。它包括以下五种情况:一是引入一种新产品或提供一种新的产品质量;二是采用一种新的生产方法;三是开辟一个新的市场;四是获得一种原料或半成品的新的供给来源；五是实行一种新的企业组织形式。"

通过经济学理论的分析可知，"创新是指新的生产要素的重新组合或再次发现的知识被引入经济系统的过程"。从这个角度来看，创造并不是创新，只有将创造成果引入经济系统产生效益才能称为创新。具体来说，其含义主要包括以下三个要点。

第一，创新是将新设想或新概念发展到实际应用和成功应用的阶段。当代国际知识管理专家艾米顿认为创新是从新思想到行动，它首先关注的是现实效益的转化。这里所说的效益，不仅指经济效益，还包括社会效益、单位和部门利益及个人利益等。

第二，创新是运用知识或相关信息创造和引进某种有用的新事物的过程。这个创造性过程从发现潜在的需要开始，经历新事物的可行性检验，到新事物的广泛应用为止。

第三，创新还可以通过对已有事物进行改进、完善、扩展以获取收益。也就是说，创新既可以是将创造成果推向市场，也可以是建立在已有事物的基础上，生产新成果、产生新效益的创造性活动。

在约瑟夫·阿罗斯·熊彼特提出的创新概念的基础上，人们进一步提出了技术创新、过程创新、制度创新、体制创新、产品创新、市场创新、营销创新和金融创新等一系列概念，并将发生在企业的微观创新活动上升到国家宏观层面，将各种创新活动看作一个整体，进而提出了国家创新体系的概念。

总而言之，创新是指"人们根据一定目的，针对所研究对象，运用新的知识与方法或引入新事物，产生出某种新颖、有社会或个人价值成果的活动"。需要注意的是，这里所说的成果，既可以是一种新概念、新设想、新理论，也可以是一项新技术、新工艺、新产品，还可以是一种新制度、新组织。

（2）创新的特征

创新主要具有以下七点特征。

①目的性。创新具有一定的目的性，其主要是满足人类在自身生存发展过程中不断增长的各种需求。具体而言，创新往往围绕某一问题的解决展开，它总是与完成某个任务相联系。

②新颖性。创新是在所研究的对象系统中加入新的或重新组合的知识,并不断进行革新。因此,创新的成果必然是新颖的,与过去相比具有新的因素或成分。这也正是其能够战胜旧事物的关键,原有事物的内容和形式在增加了新的因素后,得以更新、发展和突破。"求新"是创新的灵魂,没有"求新"的变革,就称不上创新。

③价值性。创新具有一定的价值性,也就是说,创新往往能够产生一定的社会效益和经济效益。创新是推动社会事物进步与发展的主要因素,能够有效地满足人们的某种需要,促使企业获得成功,不断增强国家经济实力,促进社会进步。如果不能产生价值,创新也就失去了意义。

④先进性。相对于旧事物而言,创新产品具有先进性的特征,这也正是它的优势所在。先进性即创新在多大程度上优于已有的和现存的事物,一个创新的管理方法的先进性主要体现为提高了经济利润、降低了成本、调动了人们的积极性等。新事物如果不具备先进性的特征,就不可能替代旧事物。

⑤变革性。创新是变革旧事物,使其更新,成为新事物的过程。当遇到难以解决的问题时,应该改变思考的角度、方式、方法等,变通的过程也就是创新的过程。如果故步自封,安于现状,不想变革,就不会有创新。

⑥发展性。创新是一个不断发展的过程。创新发展是创造新知识、应用新知识并不断发展知识的过程。知识是创新的源泉,通过知识创新,能够推动科技创新、文化创新、管理创新及其他各方面的创新。创新是一个对知识的创造、应用、再创造、再应用的循环往复的过程,每一循环创造和应用的内容,都进入高一级的程度。这是创新永无止境、无限发展的客观规律。

⑦层次性。根据人们解决问题的新颖、独特程度不同,可以将创新划分为以下三个层次。

第一层次为高级创新,是指经过长期的研究、艰巨的探索,所产生的科学发现,它是一项从无到有、填补空白的创新活动。

第二层次为中级创新,主要指经过改革或发明,在原有知识和经验的基础上重组材料,研制出有一定社会价值的产品的技术革新,这一层次的创新能够有效推动社会文化、科学和生产力的发展。

第三层次为初级创新,主要是指"在别人率先创新的基础上,通过引进技术和购买专利等方式,消化、吸收而进行的一种创新"。这主要是对当前国际先进水平进行模仿的创新思路。它是工业后进国家缩短同发达国家差距的一条捷径,是实现跨越式发展和后发优势、尽快实现自主创新的必由之路。

(3)创新的分类

创新虽然有不同的层次,但并不受范围领域的限制。从不同角度,可以对创新进行不同的划分。根据创新的性质,可将创新划分为以下三种类型。

①原始创新。原始创新是指重大科学发现、技术发明、原理性主导技术等原始性的创新活动。原始创新成果具有首创性、突破性、带动性的特征,它是企业发展的核心竞争优势,能够有效地解放生产力,不断提高人们的生产、生活质量。

②跟随创新。跟随创新是在现有成熟技术的基础上,沿着已有的技术道路进行技术创新。例如,在原有技术之上将技术进行完善,开发出新的功能等。从理论上讲,技术所有的独特用途都是可以复制的。随着技术复制周期不断缩短,对新技术的早期投资能真正得到回报的可能性不断降低,因而,巨大的研发投资并不一定会带来可观的收益。

③集成创新。集成创新是"利用各种信息技术、管理技术与工具等,对各个创新要素和创新内容进行选择、集成和优化,形成优势互补的有机整体的动态创新过程"。"苹果"现象就是集成创新的典范,一部苹果手机集合了手机、电脑、DV、MP3、PSP等多种要素。

2. 创业

(1)创业的含义

从范围上讲,创业有广义和狭义之分。广义的创业是指人类带有开拓、创新并有积极意义的社会活动。也就是说,只要是人们以前没有做过的,对社会产生积极影响的事业,都可以称为创业。广义的创业包括的内容比较广泛,涉及政治、经济、军事、文化、科学、教育等各个方面。

关于狭义的创业,不同学者给出了不同的定义。比较具有代表性的有以下几个。美国著名创业教育研究学者杰弗里·蒂蒙斯在其著作《创业学》中将创业定义为："创业是一种思考、推理和行为方式，它为机会所驱动，需要在方法上全盘考虑并拥有和谐的领导能力。"美国的荣斯戴特提出："创业是一个创造增长的财富的动态过程。"我国精细管理工程创始人刘先明认为，创业是指某个人发现某种信息、资源、机会或掌握某种技术，利用或借用相应的平台或载体，将其发现的信息、资源、机会或掌握的技术，以一定的方式转化、创造成更多的财富、价值，并实现某种追求或目标的过程；创业是一种劳动方式，是一种无中生有的财富现象，是一种需要创业者进行组织、运用服务、技术、器物作业的思考、推理、判断的行为。罗天虎主编的《创业学教程》将创业定义为："创业是指社会上的个人或群体，为了改变现状，造福后人，依靠自己的力量创造财富的艰苦奋斗过程。"

综合而言，狭义的创业是指人们在当时所处的社会环境下，就自己的意识和能力，捕捉商业机会，充分考虑财富增加的成功率与风险，并付诸行动，创建和发展一个或多个企业的活动过程。

（2）创业的特征

创业主要具有以下五个特征。

①机遇性。把握机遇是创业取得成功的重要基础。机遇主要是给那些对事业有追求、有准备的人的，机遇面前人人平等，创业者要善于抢抓机遇。

②创新性。创新是创业取得成功的关键，是在竞争中取胜的法宝。创业过程从实质上讲是一个不断创新的过程，创业者首先要有创新动机、创新意识和创新精神。

③价值性。创业的目的主要是"实现经济价值和社会价值，提高和升华自我价值"。因此，衡量创业成功与否，主要看创业中是否创造了价值。

④曲折性。创业的道路并不是一帆风顺的，往往充满了曲折坎坷。创业者在创业过程中投入了大量的资金和精力，往往会受到很多挫折。因此，创业者必须有充分的心理准备和坚毅的品质，这样才能在创业中取得成功。

⑤风险性。创业存在一定的风险性，创业者无法对创业结果进行准确的预测，需要创业者进行不断的探索。

（3）创业的分类

创业是带有普遍意义的人类行为。不同的时代、不同的领域、不同的个人和团体，都可能存在创业活动。

（二）创新创业教育的内容

创新创业教育是一个非常复杂的系统，它的内容十分丰富，涵盖受教育者在创业全过程即从发现机会到决策、规划、实施、评估和反馈等一系列生产经营活动所必须具备的知识、技术、能力和心理品质等素养。

1. 掌握创业知识

从诞生之日起，人类就在不断地对世界和自然进行探索和认知，不断地积累和总结经验，希望能够掌握客观世界发展的规律和事物的内在联系。这个过程让人类掌握和储备了大量的知识，而为了将这些已经掌握的知识一代一代地传递下去，人类开始进行教育。从这一层面来说，将与创业相关的知识传递给受教育者是创业教育的重要内容，它对于改善受教育者的知识结构，拓宽受教育者的知识视野，增强受教育者的创业技能是十分必要的。

创新创业教育需要传授给受教育者的知识主要包括创业专业知识、创业基础知识、经营管理知识、政策法规知识、金融财会知识、公关交际学知识等。向受教育者传授这些知识，可以帮助受教育者根据自身的个性特征和本专业的特点，科学选择自己的职业意向，并针对这些意向对自己进行具体的、有层次的指导和训练。同时，创新创业教育也应注意将终身学习的观念和思想传递给受教育者，以引导他们紧跟时代潮流，学习各种新出现的创业知识，从而拓宽知识面，开阔视野，不断提升自己的创业素养。

2. 培育创业能力

作为影响创业者创业实践活动效率的重要因素，创业能力培育是创新创业教育的重要内容。而对于受教育者而言，需要通过创新创业教育获得的创业能力主要包括领导能力、社交能力、分析能力、专业技术能力、把握商机能力、抗挫折能力、网罗人才能力、利用信息的能力、经营管理能力等。这些能力虽然多种多样，但实际上可归为两类，一类是基本知识技能和人际交往沟通的能力，另一类是创新能力和自我发展能力。

3. 弘扬创业精神

创业精神体现在创业的过程中,即主体通过有组织的努力,以创新独特的方式追求机会、创造价值和谋求增长。创业精神对创业实践具有重要的意义,它是促使创业者新事业发展和形成的原动力,是创业者进行创业的精神支柱,也是创业者有勇气创业的关键,没有创业精神就没有创业行动。因此,创新创业教育的一个重要内容就是弘扬创业精神。

就创新创业教育而言,需要弘扬的创业精神主要包括以下四点:一是创新精神,即综合运用已有的知识、信息、技能和方法,提出有别于常规或常人思路的见解的意识和精神;二是承担风险和挑战不确定性的冒险精神,即敢于冒着失败的风险而从事自己所认定的事业的精神;三是敬业精神,即热爱自己的本职职业的精神;四是合作精神,即乐于与人合作的精神。

4. 培养创业意识

创业意识是一种自我意识,它支配、引导着创业者对创业活动的态度和行为。强烈的创业意识,可以使创业者内心形成创业动机,并转化为强大的内在动力。作为创业者从事创业活动的强大内驱动力,创业意识的存在与否直接关系到创业者是否会开始创业,因此,开展创新创业教育必须唤醒受教育者的创业意识,激发其自我发展的内在动力。

5. 开展创业实践

创新创业教育的最终目的是提高受教育者的创业实践能力,因此,开展创业实践也是创新创业教育的一个重要内容。需要注意的是,这里所说的创业实践主要指的是具有一定教育意义的创业实践模式,是以社会实践为纽带、以实践成果为主要价值判断的教育形式。

从创新创业教育的角度来看,创业实践的开展主要包括三类内容:一是经营实践,主要通过一些创业实践活动培养受教育者对企业的经营管理能力;二是生产实践,主要通过一些创业实践活动培养受教育者的专业、职业技能;三是管理实践,主要通过一些创业实践活动培养受教育者的综合调控能力。

6. 健全创业心理

创业不仅是一个创新的实践过程,也是一个考验心理的过程。如果没有强大的内心，创业是很难走向成功的。因此，健全受教育者的创业心理也是创新创业教育的一个重要内容。

通过创新创业教育，可以帮助受教育者学会做人和处事，学会沟通和协调。健全创业者的创业心理主要可从以下三方面入手：一是培育受教育者的自信心。对于一个创业者来说，自信是其成就事业的重要心理基础。创业者在创业前，首先应当抱有"人定胜天""天生我材必有用"这样的信条，要坚信自己的选择是正确的，坚信自己所追求的事业定能获得成功。这种自信心不仅会给创业者自身带来无限的力量，也会感染和说服他人，取得他人的信任和支持。二是帮助受教育者养成积极的处世态度和正确的行为方式，要学会做人、做事。三是培育受教育者百折不挠、坚持不懈的恒心和毅力。

二、高校创新创业教育的必要性

随着高校从"精英教育"向"大众教育"转型，大学毕业生面临的就业形势越来越严峻。在大学毕业生数量远远超过空缺岗位数量的社会背景下，高校开展创新创业教育、鼓励毕业生积极进行创业具有一定的必要性，其具体体现在以下四个方面。

（一）缓解大学生就业压力的需要

大学生创业，既可以有效地解决自身就业难的问题，又可以缓解社会上的就业压力。大学生通过自主创业，能够在社会中求得生存、发展。具有创业能力的大学毕业生在解决自身就业问题的同时，能为社会提供更多的就业岗位。因此，国家及社会应积极鼓励大学生进行创新创业活动，为他们提供必要的支持。

（二）实现大学生自我价值的需要

大学毕业生进行创新创业，能够实现其兴趣与职业的统一。大学生根据自身的兴趣，进行相应的创业活动，能够充分发挥自己的才能，并能从中获得合理的报酬。从大学生自身的角度来看，其创业的主要目的是实现自我的价值。需要注意的是，只有提高大学生中创业者的比例，整个社会才能形成良好的创业风气。

（三）提高大学生综合素质的需要

随着我国高校不断扩招，大学生素质与我国高校的教学水平受到社会上越来越多人的关注。而大学生创新创业教育能够有效地提高大学教育的管理水平与大学生的整体素质。大学生在创新创业实践过程中，应充分发挥自己的才能，并学会调整自身的状态，积极应对生活中存在的各种挑战，进而成为能够积极适应社会的高素质人才。

（四）培养大学生创新精神的需要

创新对于国家发展、社会进步具有重要的作用。青年大学生作为即将步入社会成为中坚力量的群体，如果缺乏创造的冲动，则会严重阻碍社会的发展。大学生的创新创业教育活动，有利于大学生培养创新精神，将就业压力转化为创业动力，为各行各业培养出优秀的创业者。

三、高校创新创业教育理念探析

创新创业型人才的培养离不开创新创业教育，以创新教育促进创业教育，以创业教育促进教育教学改革，通过创新创业教育培养创新创业型人才已成为高校人才培养理念，成为加强和改进高校人才培养模式的新的方向和途径。

（一）高校创新创业教育的理念

1. 创新创业教育与创新型国家建设

当前，我国社会经济的发展正由粗放型向集约型转变，从投资拉动、资源依赖向科技依托、创新驱动转变，从"人力资源优势"向"人才资源优势"转变。在这种发展背景下，提高自主创新能力，培养大批勇于创新、善于将科技成果转化为社会生产力的创新创业型人才是建设创新型国家的关键。要想转变经济增长方式、优化产业结构，需要依靠科学技术进步，依靠创新创业型人才的培养。

建设创新型国家的核心是增强自主创新能力，其中创新型人才是关键。根据现代化管理要求，创新型人才主要包括知识创新型人才、技术创新型人才、产品创新型人才、制度创新型人才、管理创新型人才等。创新型人才的核心要素是具备创新精神和创新能力。所谓创新精神，就是要拥有创新意识和创新品质，包括对社会、对自然、对科学的好奇心、事业心和责任心，自强不息、奋斗不止的进取精神，严谨求实、兢兢业业的科学作风。所谓创新能力，主要是指发现新问题、分析问题，提出新方法、新理论，发明新技术的能力等。

高校承担着为国家培养创新创业型人才的历史重任。"大力推进创新创业教育，培养具有创新精神、创业意识与创业能力的高素质人才，培养推动国家知识创新、技术创新、制度创新和管理创新的践行者和引领者，为创新型国家建设提供有力的智力支持和人才支撑，是现代高等学校的战略任务。"因此，高校须转变教育观念，推进创新创业教育，积极构建创新创业教育体系，创新人才培养模式，不断提高大学生的创新精神、创业能力和创业素质。

2. 创新创业教育与大学生就业

在当前社会经济发展背景下，随着产业结构的升级调整，社会分工、工作岗位和人力资源市场不断变化，大学毕业生面临岗位转换的可能性越来越大，自主择业和岗位就业的就业模式不再是大学毕业生实现自我价值的唯一途径，而以创业为主导方向的就业模式，逐渐成为大学毕业生实现就业的新模式。创新创业教育成为就业指导服务的新的发展方向，对于拓宽就业指导服务领域、转变毕业生就业观念具有重要的影响。从经济管理学原理上看，就业主要是为了适应社会需要，而创业则主要是创造需求，就业是"找饭碗"，创业则是"造饭碗"，创业在解决自身就业问题的同时能够给他人提供就业机会，即"创业带动就业"。

《中华人民共和国高等教育法》规定：高等教育的任务是培养具有创新精神和实践能力的高级专门人才，发展科学技术文化，促进社会主义现代化建设。国家出台了相关的优惠政策鼓励一部分有创业能力的大学生进行自主创业，缓解社会就业压力，促进国家经济繁荣和稳定。《国家中长期教育改革和发展规划纲要（2010—2020年）》在"序言"部分阐述我国教育面临的机遇和挑战时指出，"学生适应社会和就业创业能力不强，创新型、实用型、复合型人才紧缺"。可见，加强和改进大学生创新创业教育，既是我国经济和社会发展的迫切需要，又是推进我国高校科学发展的迫切需要。

创新创业教育是世界高等教育发展的新趋势，也是我国高等教育发展的必然选择。我国高校要想发展创新创业教育，必须以转变思想和教育观念为先导，将高校创业教育的目标融入高等教育的目的和任务，始终坚持以人为本的教育理念，全面提升大学生创业素质。随着我国社会经济的高速发展，对具有创新精神和创业能力的高素质人才的需求将越来越强烈。这不仅是解决大学生就业难问题的需要，也是我国调整经济结构、建立创新型国家的迫切需求。

（二）高校创新创业理念的具体实施途径

1. 转变教育思想

高校为适应经济社会发展的需求，积极转变教育观念，承担历史使命，树立了以创业意识、创新精神和创业能力培养为目的的创业教育理念，真正将创新创业教育融入高校整体的教育体制机制改革中。高校应大力推进以创业精神和创业意识为核心、以创业能力培养为关键、以创业实践活动为载体，融入创业精神、创业技能、创业人格、创业知识等创业品质的人才培养体系，强化对大学生的创业指导，完善创业保障体系，全面培养和发展大学生的知识、能力与素质，促进大学生创新创业教育的深化与具体化。

2. 丰富教学实践

创新创业教育的教学目的是培养大学生的创新创业意识、创新创业精神和创新创业能力，以此作为素质教育的时代基点，构建创新创业型人才培养的新体系，提高教育质量和人才培养质量。

创新创业型人才的培养应做到以下三个方面。

（1）课程设置

构建与专业课程相融合的创新创业理论教学课程体系，建立与专业实践教学相衔接的创新创业教育实践体系，大力提高大学生的创新创业技能。

（2）教学内容

根据高校学科特点，结合专业编写校本教材，密切联系区域经济、地方经济，将当地成功创业的案例充实到教学内容中，并且聘请成功的企业家做兼职教师，将其创业经历丰富到创新创业教育内容中。

（3）教学方法

树立"以学生为主体"的理念，在教学活动中将知识传授与学以致用紧密结合；倡导学历证、技能证"双证制"，推行大学生创业教育学分制试点，切实提高大学生的创新创业能力。

3. 转变人才培养模式

创新创业教育是一个系统性的教育教学改革工程，其实质是对传统人才培养模式的重大转变。具体来说，要在专业教学中注重培养大学生的创新创业精神，在实践教学中提高大学生的创新创业技能，在职业辅导中扶持创业实体的发展，努力构建以课堂教学为主导、实践指导为平台、实体孵化为引导的创业教育模式。在培养方案上，要以创新创业教育为导向，设计人才培养的目标、模式；在学分构成上，设立创新创业教育学分；在考核方式上，要注重对创新创业内容的考核；在教学管理上，建立以创新创业教育为核心指标体系的教育教学评估模式，以培养创新创业型人才。

创业是一项具有很强实践性的活动，大学生创业不仅需要理论指导，更需要实践活动的锻炼。比如，大学生创业孵化基地是大学生创业实践的重要场所。自20世纪80年代中期，我国开始探索大学科技园建设至今，不仅建设了众多国家大学科技园，还建设了众多的省市及高校的大学科技园。大学生可充分利用大学科技园所拥有的资源和优势，科学创业。高校一方面要整合学校和社会资源建立大学生科技创业见习基地或科技园、创业园，另一方面要组织大学生创业见习、创业培训、模拟创业和创办实体，促进大学生创业实践能力的提高。此外，大学生创业竞赛也是当前十分流行的商业模拟技术，有助于提高大学生创业的能力和素质。高校应鼓励并支持大学生参加"挑战杯创业大赛"等创业类竞赛活动，有针对性地指导大学生创业团队的创业活动，切实锻炼大学生实际创办企业的能力，为培养未来企业家人才营造良好的环境。

4. 加强创新创业师资队伍建设工作

教师是高校创新创业教育的关键。目前我国虽然不少高校都开设了创新创业教育课程，但授课教师大多缺乏创业实践经历，这在一定程度上制约了高校创新创业教育的发展。为此，高校应推进创新创业教育师资队伍建设，一方面加强对创新创业教育师资队伍的培训，另一方面拓宽与广大企业家的合作，聘请一些有丰富创业实战经验的企业家加入创业教育师资队伍，有效加强创业师资队伍建设。

5.优化创新创业政策环境

（1）建立多元化的融资渠道

大学生创业的初始资金主要源于父母，尽管不少省、市设立了大学生创业基金，一些高校还吸引了社会资金，如华夏银行股份有限公司南通分行在南通大学设立大学生创业基金等。但总体而言，这些资金仍不能有效满足大学生创业的需要。对此，国家应进一步完善大学生创业基金设立体系，地方政府和高校要共同资助大学生创业项目。政府可以牵头设立面向大学生创业者的风险投资基金，引导社会资金和金融机构的进入，促进中小企业创业板的设立；要加快建立健全大学生信用体系，推进和完善资本市场的建设，建立起有利于大学生创业的成熟的投资、融资体系。

（2）构建大学生创业的政策支持体系

根据大学生创业的实际情况，国家出台了许多鼓励大学生创新创业的政策。例如，《中华人民共和国企业所得税法》对创业投资、税收提供了优惠政策，有效降低了新机会型创业的运行成本。地方政府的支持政策对于大学生创新创业发挥着重要的作用。地方政府应积极建设大学生创业孵化基地，在税收优惠、资金补贴等方面加大对大学生创业的支持；制定帮助大学生创业的地方政策，出台一系列涉及工商、税务、人事、卫生、劳动等多方面的地方政策，在政策上构建大学生创业的政策支持体系，为大学生创业提供切实的保障。

四、高校创新创业课程的设置

（一）国际创新创业课程设置概况

美国大学根据自身发展的实际情况，设置了相对完整的创新创业教育课程体系，该课程体系主要可以分为四大类，即创业意识、创业知识、创业能力素质及创业实务操作。最有名的创新创业教育课程体系就是百森商学院的"创业学"课程体系，已经成为众多学校设置创新创业教育课程体系的参考范式。需要强调的是，不同于其他学校的课程体系，斯坦福大学的课程体系坚持理论与实践相结合的课程模式，在教授学生理论知识的基础上对其进行职业教育，全力协助学生解决在创业过程中遇到的问题。

英国的创新创业教育课程比较复杂,包括很多方面的内容,如课程开发、创业研究、课外实践活动等。在英国,创新创业教育课程可以分为两类,一类是"为创业",负责这一类课程的教师大多数都有创业的经验,能够给学生提供丰富的管理经验;另一类是"关于创业",负责这一类课程的教师只有少数人有创业的经验,能够给学生提供的实践经验相对较少。

(二)创新创业课程设置的原则

课程设置是创新创业教育的核心和关键,因为它直接关系到学生知识结构的培养和能力发展的方向。在我国,创新创业教育的发展并不完善,才刚刚进入起步的阶段,因而开发出来的课程整体上来说水平比较低,没有形成完整的体系。从目前这些有限的创业课程中可以看出,我国创新创业教育课程体系主要是从理论上进行构架的,目的是培养学生的创业意识。但是实际操作和管理经验不多,对学生创业实践可能不会有足够的帮助。这和我国创新创业教育课程研究刚刚起步、研究力量薄弱、实践活动较少有必然的联系。

创新创业教育是专业教育的重要组成部分,因此,它对所有专业必然具有一定的普适性。由于学校人才培养的目标、课程设置的具体内容不同,决定了创新创业教育带有一定的特殊性。高校在进行创新创业教育课程设置时,应该在考虑课程普遍适用的基础上开设结合各学科专业特点的创新创业课程,使普遍性和特殊性形成完美的结合。高校创新创业教育的课程设置除了要遵循普遍性和特殊性相结合的原则,还应该遵循以下三个原则。

第一,结合专业的特点,突出专业的特色,使创新创业教育课程的设置与专业课程体系有机融合。

第二,课程的设置不能只注重理论方面的内容,还要重视实践,使理论和实践紧密联系起来。

第三,创新创业教育要与专业教育结合起来,并将创新思想渗透其中。

(三)创新创业课程设置的内容

创新创业课程的设置主要是为了培养学生的创业意识,提高学生的创业能力，使学生掌握基本的创业知识和规律。当然，创业本身就是一个复杂的体系，它融合了多个学科领域的知识。因此，在设置课程时要注意将创新创业与其他学科相联系，注重培养学生的综合能力。具体来说，课程设置的环节主要有课堂授课、专题讲座、小组辅导、企业家讲座、竞争模拟、创业项目实践等。课程的教学单元主要由以下五个部分组成。

1. 创新创业导论

创新创业导论是创新创业课程设置的第一个单元。本单元重点是探讨创新与创业的内涵、明确创新与创业之间的关系、说明创新对创业教育的重要意义、指出创新创业教育的方法。

2. 创新创业要素

创新创业要素是创新创业课程设置的第二个单元。本单元主要介绍创新创业机会识别、创新创业团队建设等内容。

3. 创新创业的实际操作

创新创业的实际操作是创新创业课程设置的第三个单元。本单元重点介绍创业计划与企业申办。

4. 创新创业环境

创新创业环境是创新创业课程设置的第四个单元。本单元主要是对创业的环境进行分析，包括软环境和硬环境两个方面。

5. 新创企业运行

新创企业运行是创新创业课程设置的第五个单元。本单元重点介绍企业的管理机制和运营策略。

第二章　创新创业思维与方法

第一节　思维与创新思维

一、创新思维

（一）思维的概念

思维是人脑对客观事物概括的、间接的反映过程。思维过程是人们认识活动的高级阶段；也是人们对客观事物的反映，源于客观世界；反映客观事物的一般性和规律性的联系。在日常生活中，我们时刻都离不开思维，用它学习知识、解决问题，辨别真伪、识别美丑，探索新知、创造未来。

思维的特征如表2-1所示。

表 2-1　思维的特征

特征	表现
思维的概括性	思维的概括性指在大量的感性材料基础上把一类事物共同的、本质的特征和规律抽取出来。其中，概括是人形成概念的前提，是思维活动能迅速迁移的基础。同时，概括能力会随人们认识水平提高不断提高
思维的间接性	思维的间接性指人们借助一定的媒介和知识经验对客观事物进行间接认识。例如，读万卷书，在阅读中即使没有作者的经历也可以在头脑中进行加工，感受作者所表达的喜怒哀乐
思维是对经验、信息的再加工	思维活动往往与场景密不可分，经常由一定的问题情境引起，大脑试图通过对已有的知识经验进行重建、改组和更新来解决当下情境所面临的问题

（二）创新思维的概念

创新思维又称创造性思维，与其相对应的是常规思维。常规思维是指人们运用已获得的知识经验，按已有的方案和程序直接解决问题。

创新性思维是多种思维的综合表现形式。它既是发散性思维与复合性思维的结合，也是直觉思维与分析思维的结合。广义的创新思维是指人们在提出问题和解决问题的过程中，一切对创新成果起作用的思维活动。狭义的创新思维是指人在创新活动中直接形成创新成果的思维活动，常常是非逻辑思维的一种形式。

普遍认为，创新思维指不受传统经验束缚，能部分抽取过去的知识经验，重新组织已有的知识经验，提出新颖的解决方案或程序，并创造出新的思维成果的思维活动。

创新思维的本质在于将创新意识的感性愿望提升至理性层面并进行探索，实现创新活动由感性认识到理性思考的飞跃。

二、创新思维的特征

（一）概括性

概括性是创新思维最显著的特征，是人们形成或掌握概念的前提，是一切科学研究的出发点。

（二）问题性

创新思维在概念的形成与问题的解决中产生，指向于解决任务或问题。通常由四部分构成：发现问题（提出问题）、明确问题、提出假设和检验假设。

（三）新颖性

创新思维不受传统习惯和先例的禁锢，超出常规。比如，人们在学习过程中对所学定义、定理、公式、法则、解题思路、解题方法、解题策略等提出自己的观点、想法，提出科学的怀疑、合情合理的"挑剔"。

（四）联想性

面临某一种情境时，创新思维可立即向纵深方向发展；觉察某一现象后，创新思维立即设想它的反面。这实质上是一种由此及彼、由表及里、举一反三、融会贯通的创新思维的连贯性和发散性。

（五）灵活性

在学习过程中，创新思维突破"定向""系统""规范""模式"的束缚，不局限于教师所教及常规模式，遇到具体问题会灵活多变、活学活用。

（六）综合性

创新思维调节局部和整体、直接和间接、简单和复杂的关系，在信息中进行概括、整理、组合和再加工，把抽象内容具体化、繁杂内容简单化，从中提炼出较系统的经验。

三、创新思维的类型

人类社会最大的特点就是能够不断创新，即构建想象共同体；对于个人而言，创新思维是一种习惯，创新思维有很多种，以下是六种常见的思维类型。

（一）发散思维

发散思维又称求异思维、辐射思维、放射性思维或扩散思维，是指人们沿着不同的方向思考，重新组织当前的信息和记忆系统中储存的信息，产出大量的、独特的新思想，表现为思维视野广阔，呈现出多维发散状。这种思维的主要功能是求异。发散思维具有流畅性、变通性、独特性、多感官性等特点。常见的发散思维的表现形式有平面思维、立体思维、逆向思维、横向思维、纵向思维和组合思维等。

1. 平面思维

平面一般包括点、线、面三个基本构成要素。平面思维是指人的各种思维线条在平面上聚散交错，核心是联系和想象。它是线性思维向着纵横两个方向扩张的结果，具有调阅性和广阔性。

2. 立体思维

立体思维是指跳出点、线、面的限制，从空间网络、时间网络和事物联系的网络以至于占领整个立体思维空间思考问题。它具有纵向垂直、横向水平、交叉重叠的组合优势，能扩大思维活动范围，拓展提高思维的各种可能性。

3. 逆向思维

逆向思维也叫求异思维、反向思维，它是对司空见惯的、似乎已经成定论的事物或观点反过来思考的一种思维方式。其实对于某些特殊问题，从结论往回推，倒过来思考，从求解回到已知条件，反而会使复杂的问题简单化，使问题更容易被解决。运用逆向思维去思考和处理问题，实际上就是以"出奇"达到"制胜"。

4. 横向思维

横向思维是指突破问题的结构范围，从其他领域的事物、事实中得到启示而产生新设想的思维方式，它不一定是有序的，也不能被预测。具有这种思维方式的人，思维面都不会太窄，且善于举一反三。横向思维是通过明显的、不合逻辑的方式寻求解决问题的方法，主要作为对传统的批判和分析性思维方式的补充，具有激发新观念、完善构思、保持思维开放状态及进行改造等作用。

5. 纵向思维

纵向思维是指在一种结构范围内，按照有序的、可预测的、程式化的方向进行的思维形式。通常情况下，纵向思维方式遵循由低到高、由浅到深、由始到终等过程。它是从不同层面切入，进行突破性的、递进性的、渐变性的联系过程。事物发展的过程性是纵向思维得以形成的客观基础，纵向思维在事物的萌芽、成长、壮大、发展和衰亡过程中可捕捉到事物的规律性，即对事物发展过程的反映。

纵向思维具有五个特点：一是由轴线贯穿的思维进程；二是清晰的等级、层次、阶级性；三是良好的稳定性；四是目标性方向性明确；五是强烈的风格化。

6. 组合思维

组合思维又称连接思维或合向思维，是指把多项貌似不相关的事物通过想象加以联结从而使之变成不可分割的新整体的一种思考方式。组合思维具有创新性、广泛性、时代性和继承性等特点。常见的组合思维有同类组合、异类组合、重组组合、共享与补代组合、概念组合和综合这六种组合形式。

（二）集中思维

集中思维又称收敛思维、求同思维和聚合思维。集中思维是一种有方向、有范围、有条理的收敛性思维方式。这种思维方式与求异思维相互依存、相互补充，结合形成完整缜密的思维体系和程序。从多种角度、不同信息源中引出一种结论，有助于对思维对象的把握和思维层次的发掘。例如，教师根据各种教学参考资料归纳出一种正确的结论传授给学生。在进行这种集中性思维时，往往需要对已提供的各种信息进行重新组织，然后找出最好的解决方案。

（三）联想思维

联想思维是指人脑记忆表象系统中，由于某种诱因导致不同表象之间发生联系的一种没有固定思维方向的自由思维活动。事实上，联想思维是以事物的普遍联系为基础的，主要的思维形式包括幻想、空想、玄想。其中，幻想尤其是科学幻想在人们的创新活动中具有重要作用。联想思维具有连续性、形象性和概括性的特征，其突出特征是悖逆性、挑战性、批判性，联想思维可以使我们拓展思路、升华认知、把握规律。常见的联想思维的类型有相似联想、对比联想、接近联想、关系联想四种：相似联想是指由一事物联想到另一个与它在性质上接近或类同、近似的事物；对比联想是指由一个事物联想到与其具有相反特点或特征的另一事物；接近联想是指由一事物联想到与其在时间或空间上相接近的另一事物；关系联想是指由事物所具有的各种关系而形成的联想思维。

（四）综合思维

综合思维又称复合性思维，是把某一事物的某些要素分离出来，组建到另一事物或事物的某些要素上的创造性思维过程。综合思维是掌握系统、整体及其结构层次上的综合，有着高层次的、全局的认识水平。综合思维中的分析是综合的分析，它以综合为认识起点并以综合为认识归宿，是"综合→综合分析→新的综合"的思维过程。这种由"综合而综合"的思维方式体现了对已有智慧、知识的交杂和升华，绝不是简单的相加或拼凑。比如，"瞎子背瘸子"就是典型的综合思维，二人充分发挥各自的优势，形成优势互补，从而达到不仅可以看见，还可以行动的目的。

（五）逻辑思维

逻辑思维常称为"抽象思维"，是符合某种人为制定的思维规则和思维形式的思维方式。逻辑思维是确定的、前后一致的、有条理和根据的，不是自相矛盾的。逻辑思维一般会用到概念、判断、推理等思维形式和比较、分析、综合、抽象、概括等方法，而掌握和运用相关形式与方法的程度形成了逻辑思维能力。逻辑思维具有规范、严密、确定进而可重复的特点。常见的思维类型有经验型和理论型两种，其中经验型常局限于经验，思维水平较低；理论型以理论为依据，运用科学的概念、原理等方式进行判断推理，思维水平较高。

（六）灵感思维

灵感思维是指在接触及思考事物的过程中，因受到某种启发而产生的创新思维方式，是文学艺术和科学研究中经常出现和运用的一种创新思维方式。灵感思维是一个过程，是灵感的产生过程，不是一种简单的逻辑或非逻辑思维的活动，而是逻辑思维与非逻辑思维相统一的理性思维过程。灵感思维具有转瞬即逝的偶发性、突发性和模糊性等特点，因此需要抓住稍纵即逝的灵感思维，以促成新事物的应运而生或疑难问题的解决。常见的灵感思维有：自发灵感、诱发灵感、触发灵感和迸发灵感四类。进行灵感思维的方法有：久思而至、触类旁通、见微知著、梦中惊成、自由遐想、急中生智、另辟蹊径、原型启示、豁然开朗、巧遇新迹等。

四、创业思维

（一）创业基础思维

1. 对未来充满好奇

未来的创业、就业，需要我们抱着一颗好奇的心去思考、去探索、去构想、去预见，你的想象决定你的状态，你的预见决定你的选择，你的行动决定你的未来。

2. 创业不能只靠直觉

直觉很重要，它引领我们选择创业方向。但是，创业是一个具有挑战性的活动，如果你萌生创业的想法，全凭直觉判断去选择行业或创业项目，可能会误入迷途。

从直觉的角度来讲，可以把人分为三类：第一类是先知先觉的，第二类是后知后觉的，第三类是不知不觉的。如果你是第二或第三类，你所做的判断就和事物实际的发展结果有偏差，甚至有很大的偏差。优秀的创业者都是在模糊的、复杂的、变化的环境中，追逐不确定性的机会，发掘最适合自己的项目进行投资和管理的人。

3. 系统学习创业知识

我们平时所说的创业，一般是指创办企业。所谓企业，是指依法设立的以营利为目的、从事商品的生产经营和服务活动的独立核算经济组织。企业的运营是把人的要素和物的要素结合起来，自主地从事经济活动。从广义上讲，企业包括营利性企业和非营利性企业两类。较常见的企业是指各种独立的、营利性的组织。营利性组织可进一步分为有限公司、合伙制企业、个人独资企业、个体工商户等法律形态。

创业者是主导劳动方式的领导人，是组织、运用服务、技术、器物作业的人，是具有思考、推理、判断的人，是能使人追随并让追随者在追随过程中获得利益的人，是具有完全权利能力和行为能力的人。为了实现某个梦想，他们一般都具有较强的使命感和坚韧的毅力。

创业者的知识素质对创业起着举足轻重的作用。创业者要进行创造性思维，要做出正确决策，必须掌握广博的知识，具有一专多能的知识结构。学习创业知识的核心并非把创业本身当成某种技能或流程来掌握，创业的关键在于创造用户真正需要的产品和价值。所以，初次创业者要把关注点和工作重点放在产品开发、用户体验和市场营销上，这也是成功创业真正的诀窍。

诸如注册公司、企业税务、商标申请等事务只是创业过程中最基本的工作，相对比较简单，可以请专人办理；人员招聘与管理、市场营销、项目路演与融资等方面的技能需要创业者投入更多的时间学习、钻研和历练。

4. 创业需要全心全意

创业必须全心全意，对于大学生来说，不管是兼职创业还是初次创业，在创业过程中所学到的知识和提升的经营管理能力，就是自己践行创业最大的财富。为什么大学生兼职创业和初次创业多以失败而告终呢？其原因在于兼职创业者或初次创业者根本不可能很熟练地把握创业的过程，他们没有经验，没有优秀的团队，也没有足够的资金和市场营销资源，甚至其开发推广的产品也不是市场所需要的。

要想成为一名成功的创业者，需要不断地提升自己各方面的能力，包括创新能力、分析决策能力、预见能力、应变能力、用人能力、组织协调能力、社交与沟通能力、团队激励能力。而这些能力都可以在学校学习期间和课外实践中加以锻炼和提升。

5. 创业需要投入大量的时间、精力和资金

选择创业和找一份工作的思考方式和行为方式有很大的差别。创业必须着眼于长远的发展，做系统的规划和资金预算，然后组织相应的人员去实施，其结果往往是不确定的。而一个企业岗位的工作者的工作方式是固定的时间做固定的工作，最后获得固定的薪水，也就是说，其结果是相对固定的。

创业是一项与时间赛跑的行动，需要投入百分之百的精力。我们不要只看到成功创业人士光鲜的一面，要知道，任何事业的成功都要付出成本和代价。那些成功的创业者背后都有不为人知的艰辛和痛苦经历，只是人们总是更容易被成功的光鲜吸引，而选择性忽略其背后的艰辛。

6. 创业项目不能凭空想象

创业项目有很多，涉及人们的衣、食、住、行、娱等方面。创业项目从观念上看，可以分为传统创业项目和新兴创业项目；从方法上看，可以分为实业创业项目和网络创业项目；从经营领域来看，可以分为贸易型项目、生产制造型项目、服务型项目、农林牧渔型项目；从投资来看，可以分为无本创业项目、小本创业项目和高额创业项目；从方式来看，可以分为加盟创业项目、自主创业项目。

关注未来，才能把自己带入未来，那些具有未来感且在未来一定会有强烈市场需求的构想，有时候会是别人还没有想到但非常好的创业构想。

7. 选择适合自己的创业项目

创业者要想创业成功，一定要选择一个适合自己的创业项目。那么如何选择呢？其一，与已成功的企业联手，做好他们的上下游中的某一个环节。其二，自主研发的产品或代理经销的产品要有强大的市场需求。其三，产品有较强的垄断性。其四，当一个项目处于市场机会刚开始时，是创业的最佳时间窗口。其五，具有独领风骚的营销手段。其六，低成本的投入创业资金就可以启动项目。其七，了解创业项目的风险，并能想办法规避。

作为大学生创业者，最大的特点是启动资金与从业经验有限，因此，选择适合自己的项目尤为重要。

8. 保持激情是创业成功的关键

很多人都有一个创业的理由，如生活的压力、工作的兴趣、生活的追求、人生的理想、对社会的责任感等。那么如何开始创业呢？笔者认为，创业需要激情，激情产生动力。人在激情的支配下，常能发挥身心的巨大潜力。

激情是人针对具体的对象产生兴趣而引发的强烈感情。所以，创业者要培养自己对项目的兴趣。兴趣有助于你理解你的产品，理解你的客户，理解你的市场，理解你的团队，理解你的竞争对手。兴趣有助于你感受创业过程中的努力、挫折、伤害、成功、失败……兴趣会对人会产生各种各样的心理冲击。那么什么是创业激情呢？创业激情是一个人对某个领域的发展有强烈激动的情感，希望自己可以改变它、创造它。保持这种激情的动力就是不断投入自己的项目取得成就后所带来的成就感。

创业要随心而动。在商业社会中，对物质利益的追求经常会将人置于异化的境地，逐渐背离自己最初追求的目标。而感情是真实的，它能够帮助你随时检验工作的成果，调整自己的方向，真正获得由创业带来的幸福生活。

9. 理智地掌控创业中的利益得失

创业和从事学术研究不一样，需要理智的驾驭。所谓"运气"只是成功者大度的谦虚。考虑周全、高效执行、做好细节才是创业成功的保障。

所谓理智的驾驭包含如下两个内容：实事求是的客观态度和科学有效的分析能力。影响人的客观态度的心理因素主要体现为懒、贪、怕、怨等不健康的心理活动。科学有效的分析能力是个人通过系统学习，不断实践积累得到的。

（二）大学生创业思维实践

1. 创业组织形态选择

（1）了解个人创业企业类型

个人创业具有企业组织方式简洁、管理简单等优点。创业者个人创业可以选择个人独资企业或者一人有限责任公司。

①个人独资企业。《中华人民共和国个人独资企业法》规定，个人独资企业是指依照《中华人民共和国个人独资企业法》在中国境内设立，由一个自然人投资，财产为投资人个人所有，投资人以其个人财产对企业债务承担无限责任的经营实体。《中华人民共和国个人独资企业法》对于独资企业的出资并没有下限规定，而且出资形式灵活多样，可以是货币出资，也可以是非货币出资。个人独资企业的事务管理方式也很简单，可以自行管理，也可以委托或者聘请他人管理。个人独资企业不需要缴纳企业所得税，只需要缴纳个人所得税。

②一人有限责任公司。一人有限责任公司简称"一人公司""独资公司"或"独股公司"，是指由一名股东（自然人或法人）持有公司的全部出资的有限责任公司，属于有限责任公司的特殊类型。由于一人公司属于法人企业，所以可以以公司的名义独自承担企业经营产生的责任和风险。也就是说，风险是有限的，即以出资额为限对公司债务承担有限责任。但是如果不能证明公司财产独立于股东自己的财产的股东应当对公司债务承担连带责任。这是创业者要格外重视的一点。

（2）了解团队创业企业类型

一个好的创业团队对企业的成功起着举足轻重的作用。创业团队的凝聚力、合作精神、立足长远目标的敬业精神会帮助新创企业渡过危难时刻，加快成长步伐。团队成员之间的互补、协调以及与创业者之间的补充和平衡，对新创企业起到了降低管理风险、提高管理水平的作用。

①合伙企业。合伙企业分为普通合伙企业和有限合伙企业两种类型。普通

合伙企业由普通合伙人组成,合伙人对企业债务承担无限连带责任;有限合伙企业由普通合伙人和有限合伙人共同组成,有限合伙人只需以出资为限对企业债务承担责任,所以其风险较小。

合伙企业的出资与个人独资企业一样,没有下限的规定。但是合伙企业有其独特之处:允许以劳务的方式出资(有限合伙人除外)。这种方式适用于缺乏资金或者其他形式的出资的创业者。

对于有好的项目、创意或技术的创业者来说,寻找一个风险投资人作为有限合伙人共同组建有限合伙企业,是一种很好的方式。作为有限合伙人,投资人只需要在自己的投资范围内承担有限责任,不需要参与企业的日常事务管理,既可达到投资目的,也能合理减小投资风险。另外,拥有知识产权的创业者也可以知识产权出资成为有限合伙人,实现知识产权的市场化。

②有限责任公司。有限责任公司由1~50个股东出资设立。《中华人民共和国公司法》规定:公司是企业法人,有独立的法人财产,享有法人财产权。公司以其全部财产对公司的债务承担责任。有限责任公司的股东以其认缴的出资额为限对公司承担责任,股份有限公司的股东以其认购的股份为限对公司承担责任。这个规定降低了创业团队的风险,也是公司制度区别于其他企业制度的标志之一。有限责任公司较之个人独资企业和合伙企业具有更高的开放程度,能够吸引更多的民间资金进入,而民间资本的充分参与所带来的不仅是大量的资金,更重要的是资本天生的逐利性能够引导社会资源投入真正具备创业价值、具有高回报率的有潜力创业项目中。

2. 企业股权结构设计

(1)了解股权结构设计意义

科学、合理的股权架构是至关重要的。科学、合理的股权结构,意义何在呢?其一,可以明晰合伙人之间的权、责、利,科学体现各合伙人对企业的贡献、利益和权利;其二,有助于维护公司和创业项目稳定;其三,在未来融资时,股权要稀释,合理的股权结构有助于确保创业团队对公司的控制权;其四,融资时,投资人会重点考察创业团队的股权结构是否合理;其五,进入任何资本市场,无论是新三板还是IPO,都会考察股权结构是否明晰、清楚、稳定。

(2）掌握股权结构设计原则

①股权结构明晰、简单。"明晰"是指股东数量和股比、代持人、期权池等。"简单"是指股东不要太多人，初创公司最科学的配置是3人左右，这样合伙人在沟通时会相对容易；如果人数太多，合伙人之间相互沟通的难度会更大，甚至难以相互信任。

②核心股东只能有一个。整个团队只能有一个核心股东，这个核心股东能够掌控局势，能够享有充分的公司控制权，关键时刻作出决策。如果股东中谁说话都算数，就等于谁说话都不算数。

③股东资源优势互补。团队中除了核心股东，其他股东也发挥着重要的作用。每一位初创股东都要能为公司创造价值，而且是他人不可取代的价值。

（3）掌握选择合伙人要点

不适合做合伙人的人有以下五种。

①不能保证持续资源的提供者。如果对方是资源提供型，他是否可以保证持续持有资源？如果对方是资源不稳定者，就不适合做合伙人，可以通过做顾问的形式来共享利益。

②兼职者。这是一个众创的时代，企业多数时候会邀约一些兼职者来帮忙。既然是兼职，就不会全身心投入，对方可以给你兼职，也可以给别人兼职。

③专家顾问。正常情况下，创业者不会就一个项目邀请专家顾问做你的合伙人，但专家顾问可以提供智力支持，比如财务、法律、商业模式、融资理财顾问等。

④早期员工。刚开始彼此都不是太理解，早期吸收为合伙人，给彼此太多期望，都会存在后患。所以，要留有观察期，让双方相互了解、相互选择。

⑤不同理念者。有句话叫"道不同不相为谋"。有不少人才华横溢，对合伙人团队来说很有吸引力。但是如果双方的价值观念有比较大的差异，迟早会在创业道路上分道扬镳，对企业造成严重的损失。

总的来说，合伙人的标准如下：资源互补，取长补短；有突出优势，能独当一面；背靠背，互相信任；最好能共同出资。

对于出资人，不一定要求不同出资人出的钱一样多，但最好要一起出钱，这能体现出大家对项目的支持。当然，出资后，不同出资人对项目的感知、热爱程度也会不一样。

（4）明晰股权结构设计方法

①公司初始股权结构的设计。创业之初，如果只有一个股东，即可成立一人有限责任公司，100%拥有股权。如果是2人或2人以上股东，则适合一起成立有限责任公司，2人持股比例尽量避免50%：50%，3人尽量避免33%：33%：34%。创始人要对公司具有绝对控制权，持股比例需要超过2/3。

②融资过程中的股权结构设计。无论是第几轮融资，相对其他因素来说融资期间的股权结构变化是对公司控制权影响最大的。因为融资协议规定的事项，不但涉及本轮融资之后权利的变化，还涉及下一轮融资时投资人、创始人退出的权利安排。但是如果公司在成立之初的股权比例就有问题，就需要创始人之间调整好后再谈离资计划。

例如，某公司在A轮融资后股权结构可能会出现两种情形：第一种为50%、40%、5%、5%；第二种为50%、15%、15%、10%、10%。那么，哪种股权结构更为合适呢？

在第一种股权结构下，公司决策权的归属飘忽不定，5%的持股者将会成为50%持股者和40%持股者的被拉拢对象，不利于公司决定权的稳定性。如果40%的持股者是投资人的话，一旦其决策与创业者不和，因其股权占比超过1/3，有可能使创业者无法推进任何公司重大决策。

第二种股权结构中，50%、15%、15%、10%、10%的比例显示，公司创始人股东独大，投资人和其他创始人的股份比例相对比较小，有利于决策权的稳定。

③设计合适的保护控制权的法律条款。随着公司不断发展壮大，除了创始人和投资人，还会有高管和员工加入公司。为调动大家工作的积极性，股权或者期权的激励机制是非常好的方式。创始人往往会想在建立股权期权激励制度的同时，让公司的控制权还牢牢地掌握在自己手里。建立期权池并通过合理的制度设计也可能会起到强化创始人对公司控制权的作用。常用的方式有期权、

代持、持股公司、一致行动计划等。

企业的每个股东对企业的贡献肯定是不相等的,而股权比例对等,即意味着股东贡献与股权比例不匹配,这种不匹配到了一定程度,就会造成股东矛盾。另外,这种股权结构下企业没有核心股东,也容易造成股东矛盾。

3.股权比例估算

(1)创始人贡献估值

创始人合伙创业,有的提供资金,有的提供场地,有的提供技术,有的提供销售渠道,有的提供融资资源。各个创始人有不同的贡献,各种贡献性质不同,似乎完全无法等价对比。如果没有明确的标准,很难说研发比销售更大,也很难说拉来投资的工作比提供办公场的贡献更大。所以创始人之间如何分配股权,往往成为一个难题。这经常会使创始人之间产生不满的情绪,并在创业最艰难的时候爆发。

有没有一种方法,可以在同一维度上量化创始人的各种贡献呢?如果能按一个统一的计算单位,量化各个创始人的不同贡献,创始人分配股权或许会稍稍科学、客观一些,至少能让大家更信服,让团队更团结。

对于创始人对公司的投入,公司本应该给予合理的回报,如果公司没有给予足够的回报,那么该给但没有给的部分,就是创始人留在公司里的价值,就是创始人对公司的投入或投资。比如,按照市场行情,创始人工资应该是每个月2万元,创业时只领了5000元的基本生活费,那么还剩1.5万元是他应得但公司没有付的,这部分就相当于他对公司的净投入。他在公司中应该占有的股权,就可以参照他的这种"投资"占大家总"投资"的比例来计算。这种计算方式可以称为估值法,即按照创始人投入的市场价值来评估股权比例。

(2)各种投入要素的估值

按照估值法,要在创始人之间分配股权,应当先折算创始人对创业企业各种投入的价值,加总后计算出总投入的价值,再折算每个人的投入价值占总价值的比例。

①工作时间。工作时间的投入,是创始人对公司最主要、最重要的贡献。创始人时间投入的价值如何计算呢?最合理的方式,是按照人才市场上通常

的工资标准来折算。

②现金。通常,现金的价值就是现金的金额。现金对于初创阶段的创业企业来说,具有非常重要的作用。公司发展壮大、前景明朗后,有很多投资人愿意向公司投资,资金的重要性其实是降低了。

③实物资产。创始人向企业提供实物资产,通常可以视为现金投资。因为实物实际上是用现金购买来的,是现金的另外一种形态。但这样的实物资产至少满足下面条件之一:

a.实物资产是创业企业主营业务所必需的核心资产。b.实物资产是专门为创业企业的经营而特意取得的。

④办公场所。创始人可能会向创业企业提供办公地点、仓库、店铺,以及其他一些创业企业经营所必需的场地。并非所有的场地都可以折算为对公司的价值,以下场地不能用来估值:

a.超出需要的场地,对公司没有价值。比如,公司只有5个人,只需要30平方米的办公室,创始人提供了500平方米的场地,那多出的470平方米对公司就没有任何价值。b.本来就不能为创始人营利的场地。如果创始人提供的场地本来就没有拿来用于经营活动,不能为创始人带来现金收益,那么这个场地也不能折算价值。

⑤创业点子。创业项目启动前,创始人已经对这个创业点子进行了完整的思考,并进行了一系列的试错,形成了成熟的商业计划,或者已经开始了初步的尝试,开发出了初步的技术方案乃至原始产品。这样成熟的创业规划就可以视为对公司有价值的贡献。从创业点子到成熟的创业规划,在创业开始前,创始人已经为此独自默默地做了大量的先期工作。通常市场上为这些先期工作付出的工资,就是他对创业企业的投资。

⑥专用技术/知识产权/产品。创始人向创业企业提供的专用技术/知识产权的市场价值,就是创始人对公司的投入。如果创始人不愿意把知识产权转入创业企业,只希望授权创业企业使用,那么知识产权许可使用费也是创始人对公司贡献的价值。可以按照企业"应该支付但未支付"的许可使用费,计算知识产权许可使用的价值。

有的时候,创始人会把他开发或运营得差不多的产品转入创业企业,作为他的贡献,比如已经开发出来的网站、App、SNS 账号等。

⑦人脉资源(销售、融资等)。有时候公司需要一些特定的人脉资源,有的创始人能提供这样的门路。比如,企业需要借用人脉帮助公司变现产生收入,或者建立重要的合作伙伴关系,或者帮助公司融资。

⑧其他资源。创始人提供的任何资源,只要是创业企业非常需要,但公司没有支付,或者不能全额付款的,应该付但没有付的部分,就是这些贡献的价值,就是创始人对公司的投资。

4. 企业组织架构设计

(1) 了解企业组织结构类型

企业的组织架构设计是创业企业由小变大过程中必须经历的一个环节。企业的组织架构有很多种分类方式,但是主要有三种形式:职能型组织结构、事业部型组织结构、矩阵型组织结构。

①职能型组织结构。职能型组织结构是按职能来组织部门分工的,即从企业高层到基层,均把承担相同职能的管理业务及其人员组合在一起,设置相应的管理部门和管理职务。随着生产品种的增多、市场多样化的发展,应根据不同的产品种类和市场形态,分别建立各种集生产、销售于一体,自负盈亏的事业部型组织结构。

②事业部型组织结构。事业部型组织结构,就是按照企业所经营的事业,包括按产品、按地区、按顾客(市场)等来划分部门,设立若干事业部。事业部是在企业宏观领导下,拥有完全的经营自主权,实行独立经营、独立核算的部门,既是受公司控制的利润中心,具有利润生产和经营管理的职能,也是产品责任单位或市场责任单位,对产品设计、生产制造及销售活动有统一领导的职能。

③矩阵型组织结构。矩阵型组织结构是在一个机构之机能式组织形态下,为完成某种特别任务,另外成立专案小组负责,此专案小组与原组织配合,在结构上有行列交叉之式,即为矩阵型。建立矩阵型组织结构的目的在于解决过度的事业部化而产生的问题。矩阵型组织结构的核心优点是:能够通过多角度来考虑总体利益,从而提高决策的质量;能够避免以各部门自身利益为导向的

思维模式；能够公开处理冲突，并且具有很强的适应能力。

（2）不同组织结构的优劣

①职能型组织结构。职能型组织结构是一种高度集权的、以职能为中心的组织结构，其特点是管理层级的集中控制，因此总部的战略决策可以在下属公司中得到较好的贯彻执行，管理控制严格，组织效率高。这种结构适用于规模较小、产品品种较少、生产连续性强和专业性强的企业集团，如矿业、能源、物流等行业的企业。

②事业部型组织结构。事业部型组织结构就是母子公司结构。这种结构分权程度较高，母公司一般专注于战略管理，而子公司负责具体产业的生产经营活动，具有较大的经营自主权，在财务上具有独立性。事业部型组织结构适用于规模较大、产业相关性不强的多元化控股公司。

③矩阵型组织结构。矩阵型组织结构是职能型和事业部型组织结构发展和演变的产物，是集权与分权管理相结合的产物。这种结构强调集团企业整体的协调功能和效应，适用于多元化控股公司。这种组织结构实现了集权和分权的适度结合，既调动了各事业部发展的积极性，又能通过统一协调与管理，有效制定和实施集团公司整体发展战略，做到上下联动，互相有效配合，反应速度更加敏捷。

这三种基本的组织结构已经在世界范围内得到广泛的应用，但是从目前世界上的一些大公司的管理模式发展变化来看，使用矩阵型组织结构的比例不断增加，而使用职能型组织结构的比例不断减少，使用事业部型组织结构的比例略有减少，这说明矩阵型组织结构更有生命力。

设计组织架构的目的是规划组织的人员管理，最大限度地发挥组织效能，最有效地利用组织资源实现组织经营目标。为实现设计目标，职能部门在进行组织设计时，要引进经营目标、设计参数、设计模式等概念，运用有机组织结构体系，参照程序化的模式，尽可能减少经验数据在管理中的负面影响，形成目标体系的管理模式。企业进行组织构架设计，以达到企业总体业务分工之目的。组织构架设计的成功，关键在于体现组织管理的协同性和集中性。企业成长的不同阶段，需要适时调整企业架构，以灵活应对企业现实存在的情况。而对于创业企业，组织架构从无到有，就更会产生一系列复杂的问题。

（3）避免创业企业组织架构设计误区

第一，组织构架设计过于细化。一个快速成长中的创业企业，组织构架设计过于细化，会导致企业管理运作僵化，致使协调问题突出且协调不力，企业丧失成长期的灵活性；组织架构细化，导致分工过细，企业的业务量均衡性差，导致企业人员的分工不当，造成企业编制过大和不必要的人工成本浪费。成长中企业应抓住企业成长的关键因素进行组织设计，有所为、有所不为，集中管理资源，以系统为分工原则，推行大部门，强调部门内部消化解决问题的能力，强调大部门关键领导人的管理能力。这样高层的管理幅度会降低，企业的执行力会得到有效加强。

第二，构架设计过于扁平化，缺乏层次性。企业扁平化，会使企业提高执行效率，但过于扁平化，特别是成长中的创业企业，各方面管理基础相对薄弱，会导致企业管理的集中性不足，往往会使企业管理者陷入繁杂的事务管理中。企业须协调的事务很多，有时即使是同一个系统内部，也容易产生协调问题和矛盾，使执行的效率大打折扣。增加管理层次，有效降低管理者的管理幅度，提高管理者管理的针对性，更能有效地集中利用资源，节省精力，提高企业的执行效率。

第三，权、责、利不一致问题。主要现象为有权没责、有责没权、权责不对等。导致此类现象的主导原因是：权、责、利不明晰；权、责、利划分与实际业务不相符；缺乏权力监督机制和责任追究制度。

第四，管理幅度与构架层次问题。管理幅度与构架层次性涉及企业管理纵横面。例如，企业目前管理幅度宽窄不一，造成工作强度不一；构架层次性不强，造成工作权责分布失衡，导致企业部门经理工作量增大，部门整体效率低下。

第五，组织构架设计的均衡性与制衡性。部门中权力、责任、业务量等分布不均，导致企业内缺乏应有的均衡性，产生强势或弱势部门，致使部门间协调力减弱；部门间、上下级部门间的制衡性差，企业从整体上看缺乏部门之间的制衡机制和联动机制。

第六，管理的重叠与空白。管理的重叠导致的典型现象就是多头指挥。企业分工不细致或过于细化,也会导致管理空白的产生。

(4)设计创业企业组织架构

①选择组织模式。组织模式指的是组织结构的组成形式。按照设计方式不同,组织设计模式分为职能模式和矩阵模式两类。

职能模式。按职能来组织部门分工的组织形式的特点是:按照职能模块划分组织有明确的任务和职责,能保证资源得到充分利用,有利于强化专业管理,提高工作效率,提高组织稳定性。但部门间横向协作性差,管理层负担重。

矩阵模式。矩阵组织结构形式的特点是:职能部门内部协作配合能力强;有利于整体规划项目,提高部门适应性;有利于减轻高层管理人员负担;有利于职能部门内部相互制约,保证部门整体目标的完成。但组织稳定性欠缺,易造成职责双重性,即一个人受两人以上的交叉管理。

②建立职能模块。职能模块分为基本职能模块和延伸职能模块两类。基本职能模块是指职能部门基本工作职责的汇总;延伸职能模块是指职能部门在保证基本工作职能基础上,为完成自身的经营目标,要赋予组织的其他工作职责。

③完成岗位设置。岗位设置的目标是保证组织职能发挥的全面性、准确性。岗位设置要求职责清晰、目标明确、具有流动性。

岗位设置步骤如下:首先,按照组织职能特点,分职能模块完成整体职能模块的岗位设置;其次,在职能模块内,按照基本职能项目、延伸职能项目进行岗位细分化设置;最后,绘制岗位设置图,检验职能完成途径。

第二节 主要的创新方法

一、创新方法概述

众所周知,任何人做任何事情,如果方法得当,则事半功倍,点石成金;如果方法不当,则事倍功半,得不偿失。

（一）利用开拓方法进行创新

开拓性实践是人类在未知领域中进行的探索性和首创性的实践活动。科学实验领域的发现和发明，生产领域中具有独创性的技术改进和技术革新活动，社会领域中的各种改革试点和革新活动都属于开拓性的实践活动。比如，居里夫妇关于放射性理论的实践活动；人类第一次宇宙航行；中国的改革开放；世界上第一例试管婴儿试验；世界上第一例克隆羊试验等，都是开拓性实践活动。

（二）对方法的辩证认识

创新与创新技法可以拓展思路，更好地开发智力、智能，实现创新。但应该指出的是，一方面，"法无定法"。在创新过程中，生搬硬套某种技法并非良策。应视不同对象，根据自己的特点灵活选用并综合应用各种技法、手段，不拘一格地进行探索创新。另一方面，任何方法给人们提供的都是一些要遵循的基本原则，指出必要步骤，介绍一些可供参考的途径与技巧，而绝非包治百病的灵药。创新是创新精神与创新能力的综合成果。如果将创新技法喻为"梯子"，那么，其一端应指向登攀的目标，另一端则须支撑于坚实的地面。

（三）创新技法的产生和发展

1. 创新技法的产生

至今，国内外创新学家已总结归纳出300多种创新技法。创新技法在美国称为"创新力工程"，在法国称为"创新工程技术方法""立意发想技法"，在日本称为"创新工程学""发想技法"，在俄罗斯称为"创新力技术""专家技术"等。

20世纪40年代，被誉为创新工程之父的纽约BBDO广告公司创始人奥斯本制定了"头脑风暴法"，并成功地应用于实践。为普及这一开发创新力的技法，奥斯本撰写了一系列著作，如《思考的方法》《所谓创新能力》《实用的想象》等，建立了系统的创新理论基础，并深入学院、社会团体和工厂企业，组织培训推广，继而向各类大学、产业界、联邦政府普及，在美国形成了一个开发创新力的热潮，奥斯本也就此成为创新工程的奠基人。

2.创新技法的发展

部分国家创新技法的发展如表2-2所示。

表2-2　部分国家创新技法的发展

国家	创新技法
德国	德国在引进美国的创新技法后，按德国的习惯特点对头脑风暴法、综摄法进行了改造，同时不断提出一些新的创新技法，如舒尔茨的"自律训练法"，汉泽的"概念组织法"，吉马捷的"思想会议法"，缪列尔的"系统创新法"及托马斯的"使用价值分析法"等
英国	英国医生德·波诺在侧向思维的理论基础上，提出了一整套的思维训练课程，包括"是、否，也许法""垫脚石法""自由输入法""向概念挑战法""确定问题法""挑错法""组合法""需要探索法""评价法"等，可对成人或儿童进行系统训练
加拿大	20世纪60年代，蒙特利尔大学的塞里埃制定了利用睡眠潜意识的"睡眠思考法"
中国	20世纪80年代开始，创新学走进中国。其中许立言在《科学画报》上介绍了创新技法，中国发明创新者基金会、中国预测研究会组织翻译了30余部500多万字的"发明创新丛书"。此后，地方、行业及全国性的创新学研究团体、学会相继成立，如中国创新学会、国防科技工业系统创新力开发研究组等，一些学者提出了有特色的创新技法。多年来，仅公开出版的创新学研究方面的著作有几百部，其中不少是关于技法的专著

（四）创新技法的分类

目前，对创新技法的分类有几百种。面对数百种名目繁多的技法，较有代表性的分类是《实用创造性开发技法》中的分类方法。日本电气通信协会在其编写的《实用创造性开发技法》一书中，将常用的29种技法分为6类，即"自由联想法"（包括头脑风暴法等）；"强制联想法"（包括查表法、焦点法等）；"设问法"（包括戈登法、特尔斐法等）；"分析法"（包括列举法、形态分析法等）；"类比法"（包括提喻法、等价变换法等）；其他方法（包括网络法、反馈法等）。

除此之外，日本著名创新学家高桥诚在《创造技法手册》一书中将其精选的100种技法分为三大类，即"扩散发现技法""综合集中技法""创新意识培养技法"。我国国家科委人才资源研究所创造力开发课题组对此的分类则为"提出问题的方法""解决问题的方法""程式化的方法"。

二、模例学导法

（一）技法含义

模例学导法是由上海通用创新发明学校创立的，是应用思路的提示法，它引导学员发明多功能台式打火机等新产品。这种通过发明创造塑造、提高人的创新力和素质的方法称为"模、例、学、导"法。

1. 模——知识（方法、工技）模块

借用计算机编程语言中模块的概念，在这里指应用创新发明及相关学科揭示的规律、原理、方法、技巧，根据创新力开发的需要而编制的创新知识单元。模块分层次、系列、硬件和软件编写，可大、可小、可伸缩。

大型模块以信息容量大，涉及内容广。中型模块是把大型模块细分为若干块。例如，把创新技法分为列举法模块、组合法模块、联想法模块；把创新素质模块分为智能模块和非智能模块等。小型模块是对中型模块进行再分解，划分成更小的单元。例如，将列举法分解成缺点列举、希望列举、特性列举、对应列举等。

2. 例——示例、例子

它是描述发明创新过程、方法和工艺的典型事例的简称，既有成功的经验，也有失败的教训。案例编写要有针对性，做到通俗易懂、生动有趣，并进行分类编码。

3. 学——教学员学习如何搞创新发明

教学员接受创新性思维的训练，学习研究解题方法，让学员预习教材纲要并调研在生产经营或工作、生活中遇到的问题，使学员带着有准备的头脑参与开发活动。本方法强调把学员作为开发活动的主体。

4. 导——具有激发、提示、解疑、引导等含义

通过导，剖析案例，做出演示，激发学员的创新精神。通过导，转化创新意识，启迪创新灵感，提高创新素质，帮助学员走创新之路。应用设问、质疑、引导、演示和反思等教艺，把学员的意识行为引导到生产经营或事业目标的轨道上。

（二）技法模式

1. 开发设计

开发设计是指对整个创新力开发活动进行策划，并制订开发计划和措施。策划前要进行调研诊断，并且要进行创新讨论评估，征询开发需求，调研创新文化，诊断开发状态，从中发现创新障碍，然后根据这些"状态参数"制订开发

计划和选编学员模例。

2. 模例选择

模例选择关系开发效果，因此要慎重选择。在选用原则上，既要适合开发目标和需要，又要切合开发对象的知识基础、专业特长、认知水平、心理需求和创新能力。

3. 创新测评

创新测评是指对学员的创新意识、创新人格、创新心理和创新能力等创新素质进行测量与评价。通过测评，发现解题需要，解决心理障碍，以方便选择模例和学导方法。

4. 动力激发

动力是指创新热情、积极性和兴趣等心身能量，激发是指把潜在的心理调用起来，为提高素质服务。有人把激发动力称为"热身"，它是激发创新力的前奏，贯穿创新力开发的全过程，用于强化开始效果。

5. 转化意识，树立志向

宣读中外科技发明创新史，进行创新力开发"形势教育"，对创新者"晓之以理"，使其懂得创新是人的天性、创新人人能做、创新有规律可循的道理。弄清创新力需要培养，明白开发创新力具有重要的作用和意义。扮演角色、创设情境，使创新者"动之以情"，转变意识，树立创新意向。物质奖励、精神表彰，使创新者产生"爱文明古国、创美好中华"的内在动力。

6. 传授知识，培育技能，训练思维，导向行为

这是创新力开发的重点，通常需要安排较多的时间。在这一阶段，为充分调用创新者的身心能量，需要从心智和生理等各个角度来开发人的创新力。创新导向是指把创新者的创新积极性和行为目标，引导到需要发挥的领域及正确方向，把群体创新力汇聚到所要解决的问题上。

7. 择机发挥

创新力、创新成果是资源，是活力，是财富，也只有通过使用，并用在能发挥作用的地方，才能显示出它的价值。创新力需要设置机会来发挥，并且需要有亮相的擂台和释放能量的"场"。

8.扶植推进

新事物刚出现的时候,总是比较幼弱、粗糙、简陋,因此易被抑制、扼杀。新创意、新构想首先掌握在少数人手里,常因与众不同而遭受偏见,受到习惯势力的冲击、束缚而被淹没或扼杀。因此,需要"伯乐"加以保护,从物质、资金、组织、法律、技术贸易和物化等方面给予支持。扶植推进,就是帮助创新发明者排忧解难,克服各种障碍。

9.优化环境

优化指创造一个有利于发挥创新性的宽松、开放和充满生机的环境,这样的环境能让人更加放松。例如,开辟"杂谈室"、保健房、网球场、蒸汽浴室、娱乐室、图书馆、饮茶室等。

三、切割重组法

切割重组法是指改变(切割、分解)物(群)体构成,然后将分割元素重新组合,借以创造新的事物,从而提高群体创新力的方法。

本法受七巧板启示,故也叫七巧板法。七巧板是中国古代的一项发明,拿破仑用它训练想象力。将一个普通的正方形板块切割成七块,然后用它重新组合,就能拼出上千种形态各异的图案。

切割有分解、离开的意思,广义可理解为去掉、选取、排出等。根据重组素材的来源,可分为同系事物切割和异域事物切割。目前企业普遍开展的优化组合、调整产品与产业结构,就其本质而言,就是"切割重组"。切割重组是一种提高群体创新力的方法,也是一种生产创新性成果的方法。

四、设问检查法

设问检查法是指提供一张提问的单子,针对所需解决的问题,逐项对照检查,以期从各个角度较为系统周密地进行思考,探求较好的创新方案的方法。

(一)设问检查法的特点

设问检查法是对拟改进创新的事物进行分析、展开、综合,以明确问题的性质、程度、范围、目的、理由、场所、责任等各项,从而使问题具体化。设问检查法不仅可用于技术上的产品开发,还可应用于改善管理等范畴。例如5W1H法,是从客体的本质(what)、主体的本质(who)、时间(when)、空间(where)、事情发生的原因(why)和方式(how)这几个角度来提问的,这些问题属于事物存在的根本条件。这样抓住一个事物的制约条件来分析问题,就会发现问题的症结与原因在哪里。

(二)设问检查法的适用范围

设问检查法对于群众性的合理化建议、活动技术上的小发明、小变革是非常适合的,也可以与智力激励法等其他技法联合运用。如果要解决的问题较大,借助本技法也可使问题明确化,从而缩小目标,找到问题的关键,有针对性地解决问题。

设问检查法也有一定的局限,它比较强调创新发明主体心理素质的改变,借助克服心理障碍,产生更多的思路,而较忽略对技术对象的客观规律性的认识。所以,使用此技法解决较复杂的技术发明的问题,仅能提供一个大概的思路,还需进一步与技术方法相结合才能完成有实际价值的发明。

五、组合创新法

组合是大千世界中十分普遍的现象。从浩瀚无垠的宇宙到分子、原子,从简单的数字排列到复杂的人体结构,从庞大的国家到每一个家庭,到处都存在组合现象。而在人与人、物与物、人与物的组合中,更是千变万化,各不相同。

(一)组合创新法的特点与适用范围

1. 创新性

所谓组合法,是指按照一定的技术原理或功能目的,将现有的科学技术原理或方法、现象、物品作适当的组合或重新安排,从而获得具有统一整体功能的新技术、新产品、新形象的创新技法。创新组合有以下三个要点。

第一,由多个特征组合在一起;

第二,所有特征都为同一目的共同起作用,它们相互支持、促进及补充;

第三,产生一个新的效果,就如系统论中所描述的那样,系统的效果必须大于系统内各元素单独效果之和,即达到"1+1＞2"的飞跃。

2.广泛性

由于组合是宇宙间十分普遍的现象,所以组合创新技法广泛适用于各个领域。

(1)范围广泛

几千年的人类文明史,使人们积累了不可胜数的发明创新产物。技术的普遍存在给人们提供了无限广阔的组合基础,从简单的日用品组合到诸如宇宙开发等尖端技术,从普通的变革到新学科、新理论的创建,从单纯的编辑到传世的艺术创作等,都可以根据不同情况进行不同层次的组合创新。

(2)易于普及

就技术上的创新发明而言,由于此法是按照一定的功能需要选择若干成熟的技术加以组合,因而不像原理突破型的创新要求具备专深的理论基础,故便于广大群众进行学习与应用。

(3)形式多样

组合的形式可以是近亲结合,如用于同一场合或目的的不同物品的组合,橡皮+铅笔=橡皮头铅笔;也可以是远缘杂交,空气+煤炭=尼龙;还可以是跨越时空的"联姻",如中西合璧、古为今用等,现在有不少功能奇特的电子装置其实就是传统中医与现代技术相结合的产物,甚至可以是技术上的组合,如不同的组件或物品的组合,或者是艺术上的组合。

(4)方法灵活

组合的方式可以是二元组合、多元组合、附加式组合、辐射式组合、综合性组合等,它们可随不同需要灵活选用。例如以推广新技术为目标者,可用辐射式组合,即以该技术为中心,同多种传统技术进行组合,形成技术辐射。若以改进已有的特定技术对象为目标,则可用附加式组合,通过移植或插入新技术使产品革新。而"乱点鸳鸯谱式"的组合,可以突破习惯思维的障碍,获得新奇的设想。

3.时代性

发明创新有两大类别,一种是原理突破型——由于发现了新的自然规律,探索出新的技术原理而完成的发明,其突破在于找到了以科学原理化为技术方法而完成的发明,例如,内燃机代替蒸汽机,电力代替蒸汽动力,晶体管代替真空管等,均属此列。

(二)运用时应注意的问题

组合可以使产品具有不同的功能,成为多功能、通用型的产品,但过分追求"万能"也不足取,会出现增加成本、制造困难、功能多余等弊端。参与组合的各要素越是风马牛不相及,由"远缘杂交"形成的新产品,其创新性越强。例如,空气与煤炭的组合开发出了尼龙这一新产品;电脑与小朋友的游戏相结合发明了电子游戏机,这些组合创新给许多企业带来了巨额利润。

六、想象思维法

想象思维法是指人脑通过形象化的概括作用对脑内已有的记忆表象进行加工、改造或重组的思维活动的方法。想象思维可以说是形象思维的具体化,是人脑借助表象进行加工操作最主要的形式。

(一)想象思维的特征

想象思维有以下三个特征。

1. 形象性

想象思维的操作活动的基本单元是表象,是一些画面,静止的画面如照片,活动的画面如电影。画面可能是模糊的,也可能是清晰的,还可能是开始模糊,逐渐变得清晰的。如果画面由模糊变得十分清晰了,一般来说,离产生创新性结果也就不远了。例如,看小说时,我们可以想象出人物的音容笑貌;看图纸时,我们可以想象出立体的物体。

2. 概括性

想象思维实质上是一种思维的并行操作,即一方面反映已有的记忆表象,同时把已有的表象变换、组合成新的图像,达到对外部时间的整体把握,所以概括性很强。例如,把地球想象成鸡蛋,蛋壳就是地壳,蛋白就是地幔,蛋黄就是地核。又有的科学家把原子结构想象为太阳系,太阳是原子核,核外电子就像恒星，围绕着原子核转动。这些想象都是非常有概括性的。

3. 超越性

想象的最宝贵特性是可以超越已有的记忆表象的范围而产生许多新的表象，这正是人脑创新活动最重要的表现。例如，爱因斯坦想象自己以光速运动；魏格纳在地图面前想象几个大陆板块分裂后慢慢地漂移。

（二）想象思维的类型

根据心理学中的方法，可以把想象思维分为以下两种类型。

1. 无意想象

无意想象是不受意识主体支配的想象。在这种思维活动中，思维主体没有特定的目的性，可以让思维的翅膀任意飞翔，达到一种非常自由的状态。无意想象的价值在于，可以让潜意识活跃起来，这样就有助于灵感的产生，再进一步，就可能产生创新的结果。但真正说来，无意想象不能直接产生创新性成果，必须有主体意识、有目的系统的参与，才能把想象转换为具体的方案，进而促使创新性成果落地。

2. 有意想象

有意想象是受主题意识支配的思维活动。在这种状态下，思维总是在创新者的目的需要系统的支配下进行的。对绝大多数的创新活动来说，有意想象是一种经常起作用的思维形式，应当受到特别的重视。

（三）想象思维的作用

1. 想象思维在创新思维中的主干作用

创新思维要产生具有新颖性的结果，但这一结果并不是凭空产生的，要在已有的记忆表象的基础上进行加工、改组或改造。表象是人脑认知结构的最基本构件，只要涉及表象的活动，都离不开想象。许多创新性思维形式都是在想象思维的基础上进一步深化和发展起来的。在创新活动中经常出现的灵感或顿悟，也离不开想象思维。正是由于有了丰富的想象，在某一时刻，捕捉到一个最有价值的画面，进而和创新目标联系起来，才成为灵感。可见，想象思维在创新思维中起着主导的基础的作用。

2. 想象思维在人的精神文化生活中的灵魂作用

人的精神生活丰富多彩，主要靠的是想象思维。作家、艺术家创作出优秀的作品，需要发挥想象力，读者、观众欣赏作品，也需要借助想象力。如果作者和读者、观众的想象过程与结果吻合，产生了共鸣，就达到了理想的艺术效果。

3. 想象思维在发明创新中的主导作用

大哲学家康德说过："想象力是一个创新性的认识功能，它能从真实的自然界中创造一个相似的自然界。"在无数发明创新中，我们都可以看到想象思维的主导作用。发明一件新的产品、设备，一般都要在头脑中想象出新的功能、外形，而这新的功能或外形，都是人的头脑调动已有的记忆表象，加以扩展或改造而来的。

七、其他创新方法

（一）逆向转换法

逆向思维又名反向思维、乘负法、反面求索法，通俗地讲，就是反过来想一想的意思。这就是为了达到某一目标，人们将通常思考问题的思路反转过来，以悖逆常规、常理或常识的方式去寻找解决问题的新途径、新方法。逆向思维可以挑战习惯性思维，克服"心理定式"，这无论在理论创新还是技术创新、产品创新上都有重要的作用。

1. 逆向转换法的基本原理

根据辩证法的基本原理，任何事物都包括对立的两个方面，这两个方面既相互依存又相互排斥，存在于一个统一的整体中。人们在认识事物的过程中，实质是同时与其正反两方面打交道，只是由于日常生活中人们往往采用一种习惯性思维方式，所以只看到其中的一面。按正向思路去思考问题成了习惯，所形成的认识、设想就会越来越普遍平庸，且无法全面认识事物。要想创新性地解决问题，采用辩证思考的方式，转换一下思路，换个角度想想，很可能会产生突破常规的创新思路。

反向思考有如下形式。性质上对立两极的转换，如软与硬、高速与低速、优点与缺点等。结构、位置上的互换、颠倒，如上与下、左与右、内与外、前与后等。功能或过程上的逆转,如电转为磁与磁转为电、做功与蓄功、气态变液态与液态变气态等。缺点逆用,有意识地开发利用事物的缺点,变短处为长处、变缺陷成优势、变废为宝等。破坏。创新的实质是破与立,有意突破看似权威、典范的事物,以质疑的眼光寻找创新契机。

2. 逆向转换法的主要特点

(1) 普遍性

对立面在现实世界中可以说是无处不在、极为普遍。只是对立面往往处于背景中,人们不易察觉,或对其缺乏鲜明的认识。要想创新,就必须将对立面从背景中拉出来,将其推向前台,使之鲜明突出,一目了然。

(2) 批判性

反向思考是与正向思考相对而言的,正向就是指常规的、常识性的、公认或习惯的想法与做法。反向思考当然就是对传统、习惯、常识、常理的挑战,其显而易见的好处是可以克服思维定式,破除由经验和习惯造成的僵化的认知模式。

(3) 新奇性

循规蹈矩地按传统习惯方式去解决问题,虽然操作时简单易行,但容易导致思路僵化,陷入思维定式的桎梏,所得的结果也在预料之中,难以突破。反向思考既然是从人们熟悉的反面去思索,其结果显然会是人们不易想到的,能出人意料,使人耳目一新。

(二)分析列举法

分析列举法是指通过对事物的分析而列举出其各方面的特性,从而进行创新发明的技法。列举法中最基本的一种是特性列举法,在它的基础上又发展为缺点列举法、亮点列举法、成对列举法等。

1. 分析列举法的基本特点

列举法是通过列举有关项目来促进全面考虑问题,防止遗漏,从而形成多种构想方案的方法。几种列举法各有千秋,但又有些共同特点,其共同特点如下。

(1) 强制性分析

强制性分析就是把整体分解为部分,把复杂的事物分解为简单要素,再分别加以研究的一种思维方法。客观事物的整体功能是由相互联结的各个部分有机构成的，有时为了改变它的整体功能，需要从部分着手去考虑问题，把被考察的部分与其他部分暂时割裂开，从整体中抽出来，这是分析列举法的基本特点。

（2）一览表式展开

人们常用一览表帮助记忆、安排工作。为了寻找创新的设想，借助列举的方式将问题展开，以一览表的形式帮助思考。每个分析列举法都是一览表，是带有比较性的一览表，人们从中可以发现问题、明确目标、解决矛盾。

2. 分析列举法的作用与局限性

分析列举法有助于克服心理障碍，改善思维方式，在创新发明活动中有实际的作用。它有助于克服感知觉不敏锐的障碍，把思维从僵化、麻木的状态下解放出来。分析列举法的首要贡献就是克服这些障碍，以全面搜索、不断挑战、大胆想象的思路发现创新发明的目标，促使人们全面感知事物，防止遗漏。每个人的思维方式是不相同的，其感知方式也各具特色。在认识事物时，有人注重视觉，有人则善用听觉、触觉、味觉、嗅觉；有人惯用左脑，有人则偏爱右脑。借助列举法，可深入事物的方方面面，如应用特性列举法时，就要求将事物所有属性全部列出，不许遗漏，这样必然有利于全面分析，使人产生较多的设想。

分析列举法有利于克服感情障碍。判断是指在一个问题有几种答案时，从中选择一种答案的方法。判断对于解决问题是必要的，但多数人善于做判断而不善于产生新观念，这是创新力的克星。与智力激励法的大胆设想、推迟判断原则相类似，列举法首先强调的是尽量全面地列举，避免过早地下结论。

分析列举法是改进老产品、开发新产品的非常实用的方法。列举法对于创新的有效性不只是由于使用了分析列举的方式，还因为运用了组合、替代、综合等方式。成功地使用列举法，需要思维流畅、精确、灵活、独特。

分析列举法的适用性及局限性：一般来说，列举法因分析问题要求全面、精细甚至比较烦琐，所以较适用于小的、简单的问题。同时，此法不能最终解决问题，它基本上只是一个提供思路的方法，进一步的实施还需要借助其他技法与手段才行。

（三）类比法

类比法是指通过两个（两类）对象之间某些方面的相同或相似性推出其他方面的相同或相似性的方法。

1. 类比法的特点与作用

类比是指利用不同事物或现象在一定关系上的部分相同或相似性进行比较、分析、综合。类比法在科学研究、技术创新和各种创新活动中均有应用。

类比是人们在探索未知世界的过程中，将陌生的对象与熟悉的对象、将未知与已知相对比。推而广之，许多在质上虽不同，但只要相似，往往就可以运用类比法来研究。这样，由此物及于彼物、由此类及于彼类，可以启发思路、提供线索、触类旁通。研究指出，选作类比的对象与原问题的差异越大越好，这样获得的创新性设想更新颖。

2. 四种基本的类比方式

美国创新学家戈登对创新过程中常用的类比法进行了分析研究，总结了最基本的四种类比方式，对创新学的发展产生了很大的影响。

（1）拟人类比

拟人类比又称感情移入、角色扮演。在创新发明活动中，发明者把自己设想为创新对象的某个因素，并由此出发，设身处地进行想象。

（2）直接类比

从自然界或已有的成果中寻找与创新对象相类似的东西进行比较的方法为直接类比。

（3）象征类比

象征类比是借助具体的事物形象和象征符号来比喻某种抽象的概念或思想感情的类比方法。象征类比是直觉感知的，通过无意的联想形成一个完整的形象。针对待解决的问题，用具体形象的东西作类比描述，使问题形象化、立体化，为创新开拓思路。

（4）幻想类比

幻想类比亦称空想类比或狂想类比，它是变已知为未知的主要机制，但对其尚无明确定义。

在上述四种类比方法中,直接类比是基础,其他三种类比是由此发展而成的。这四种类比方法各有特点与侧重点,它们在创新活动中相互补充、渗透、转化,都有不可或缺的作用。

(四)智力激励法

智力激励法又名头脑风暴法、畅谈会法、群议法等,是指以一定的会议形式为与会者创造的一种能积极思考、启发联想、大胆创新的良好环境,充分激发各人的才智,为解决问题提供大量的新颖方法。

此法是由美国纽约 BBDO 广告公司副经理奥斯本发明的,并最初用在广告的创新上。这是世界上最早付诸实践的创新技法,它适用范围广、易于普及。智力激励法的英语含义为"头脑风暴",即 brain storming,原是用来描述精神病人的胡言乱语。奥斯本借用这个词来形容会议者敞开思想,畅所欲言。

1. 智力激励法的基本原则

(1)自由畅想原则

要求与会者敞开思想,不受任何已知条件、熟知的常识和已知真理、规律的束缚,从多种角度或反面去考虑问题。要坚持开放性的独立思考,畅所欲言,敢于提出看似荒唐可笑的看法。

(2)延迟批评原则

这是一条十分重要的原则。在讨论问题的过程中,过早地进行批评、下结论,就等于把许多新观念拒之门外,这是极有害的。美国的心理学家和教育家梅多和帕内斯在做了试验调查后说:"推迟判断在集体解决问题时可多产生70%的设想,在个人解决问题时可多产生90%的设想。"

(3)以量求质原则

这是显而易见的重要原则,奥斯本认为,在设想问题上,越是增加设想的数量,就越有可能获得有价值的创新。通常,最初的设想不大可能是最佳的,有人曾以实验表明,一批设想的后半部分的价值要比前半部分高78%。

(4)综合改善原则

"综合就是创新。"奥斯本曾经指出:"最有意思的组合大概是设想的组合。"会议鼓励与会者借题发挥,将别人的设想补充完善成新的设想,会后还要对所有设想做综合改善的工作。

（5）限时限人原则

会议通常将时间限定为30分钟到1小时，人数为10人左右。时间太长容易使人感到疲劳、松弛，人数太多则不易集中，有些人发言机会少。反之，则人们的信息激励、联想反应不充分，难以获得大量的设想。

2. 实施步骤

（1）准备阶段

该阶段内容包括产生问题、组建小组、通知与会者会议的内容、时间、地点。

在会议举行前两三天，会议主持人在发出邀请通知的时候，应同时附上一张备忘录，上面注明会议的主题和开会讨论的具体内容，并列出几个希望与会者进行畅想的例子。

（2）热身活动

该阶段的目的是让与会者尽快进入"角色"，尽量减少会议中僵局冷场的时间。热身活动内容多种多样，可以是脑力的，也可以是体力的，只要能使与会者很快地忘掉自己的工作和私事，形成热烈、轻松的气氛就行。

（3）明确问题

会议主持人对问题进行分析陈述，使与会者全面了解问题，打开解题思路。

①介绍问题。介绍问题时，必须掌握简明扼要的原则，只提供与问题有关的必要信息，切忌将背景材料介绍得过多，尤其不能把自己的初步设想全盘托出。这样不仅无助于启发他人的思维，反易会形成束缚他人思路的框框。

②重新叙述问题。这是指用不同的方式来表述问题，目的是加深对问题实质的理解，使问题的重要方面不致被遗漏。同时，启发多种解题思路，为提出设想做准备。执行此步骤时应注意两点：一是不要急于提出具体的设想，二是鼓励与会者尽可能多地对问题提出重叙。

③选择最富启发性的重新叙述形式。重新叙述问题后，通常就可以围绕问题进行畅谈。但有时为了使会议效果更好，可优先考虑问题的最重要方面，需对重新叙述的问题作分析选择。这下选择可以由主持人或问题提出者决定，也可由与会者全体择定。

（4）自由畅谈

按照会议原则，针对上述确定的问题进行自由畅谈。

（5）加工整理

会上提出的设想大都未经仔细斟酌和认真评论，在加工完善后才有实用价值。

①增加设想。在畅谈会的第二天，由主持人或秘书以电话或面谈方式收集与会人员在会后产生的联想。这是不可忽视的一步，因为通过会后的休息，思路往往会有新的转换或发展，又能提出有价值的设想。奥斯本曾引证有一会议提出了百余条设想，第二天增补了20余条，并且新的设想比头一天会议上的所有设想都更有实用价值。

②评价和发展。评价设想和发展设想是相互联系的两个方面，既要做筛选判断，又要做综合改善。为了便于评价，最好先拟定一些评价指标，例如，这一设想是否可行，结构是否简单，工艺能否实施，做法是否合理，费用能否节省等。具体拟定哪些指标，要视问题性质及对解决问题方案的要求而定。

（五）卡片整理法

卡片整理法是指通过将所得到的有关议题的信息或设想记入卡片，排列卡片以寻找逻辑关系，最后形成比较系统的方案的方法。

1. 卡片整理法概述

人们进行创新性思维和解决问题的过程，是一个信息的收集和处理过程。种种初步假设或构想要通过对各种资料进行仔细的比较、分类、归纳等加工整理活动才能形成。这种方法以卡片为工具，使信息整理工作直观方便，灵活有效。此类方法通常与智力激励法相结合，把信息或设想的搜集与整理工作组合在一起，使获得解题方案的工作更加有效。在这类方法中，最常用的是KJ法和NM法。

2. 具体方法

（1）KJ法

KJ法，是日本东京工大教授川喜田二郎在多年的野外考察中总结出的一套用于科学发明的方法，KJ则是他英文名字的缩写。

KJ法是一种为了找出工作中诸多问题的本质，大量收集有关问题的信息，按照"相互接近者视为一类"的原则将这些信息逐一加以卡片化、图解化，或写成文章，借以找出规律，开发创新力，从而把握问题实质，找出解决问题路径的一种方法。

①适用范围。此方法适用于员工思维创新培训，各级员工、领导均适用。

②操作步骤。

第一步：准备阶段的工作如下：

确定培训场所、培训时间、受训人员；选定议题；准备好黑板/白板、粉笔/油性笔（红、蓝、黑、绿、黄等颜色）、卡片、大白纸、文具；培训师熟悉使用本方法的常识及细节问题。

第二步：实施阶段的工作如下：

培训师首先向学员介绍使用本方法的原则及实施概要，然后公布议题。

运用头脑风暴法进行讨论。请学员提出设想，将每一条设想依次写到黑板上。

制作卡片。培训师与学员进行讨论，将提出的设想概括成2~3行的短句，写到卡片上。每人写一套。这些卡片称为"基础卡片"。

学员分组。将所有的学员分为几组，每组5~8个人。

各组分别制作"小组标题卡"。让每一组的学员各自进行卡片分组，把内容在某点上相同的卡片归在一起，并加一个适当的标题，用绿色笔写在一张卡片上，称为"小组标题卡"。不能归类的卡片，每张自成一组。

制作"中组标题卡"。将每个人所写的小组标题卡和自成一组的卡片都放在一起。经组员共同讨论，将内容相似的小组卡片归在一起，加一个适当标题，用黄色笔写在一张卡片上，称为"中组标题卡"。不能归类的卡片自成一组。

制作"大组标题卡"。经过讨论，把中组标题卡和自成一组的卡片中内容相似的归纳成大组，加一个适当的标题，用红色笔写在一张卡片上，称为"大组标题卡"。

编排卡片。将所有分门别类的卡片，以其隶属关系，按适当的空间位置贴到事先准备好的大纸上，并用线条把彼此有联系的卡片连接起来。如编排后发现不了有何联系，可以重新分组和排列，直到找到联系。

确定方案。将卡片分类后，就能分别暗示出解决问题的方案或显示出最佳设想。经讨论或由培训师评判确定方案或最佳设想。

（2）NM法

日本创新学家中山正和教授根据人的高级神经活动理论，把人的记忆分为"点的记忆"和"线的记忆"。通过联想、类比等方法来搜索平时积累起来的"点的记忆"，再经过重新组合，把它们连接成"线的记忆"，这样就会涌现大量创新性设想，获得新的发明成果。这种方法由中山正和教授发明，高桥浩教授作了改进，叫作中山正和法，简称 NM 法。

① HBC 模型。中山正和认为人与动物最大的差别在于大脑机能的差异程度，动物的进化过程也可以说是大脑机能的进化史，根据动物大脑机能的进化情况，可分为下列五个不同层次，即所谓的 HBC 模型，也是进行 NM 法创新性活动所必须具备的基本观念。

S→O（stimulus→output）。因刺激而反应，有刺激就有反应，无刺激则无反应。此情况大脑只具备转换器机能，是无意识的、肉体的学习，任何动物均具备此项本能，并不限于人类。

I→O（image→output）。因心像（image）而反应，此情况较上述层次稍高。举例而言，子女辈以父母辈的动作作为自己的心像，再依此心像采取动作，此时的心像来自父母辈动作的印记（imprinting），而非来自本身大脑的记忆。此种大脑机能并不仅限于人类，一般动物均具有。

I.S（image→storage）。心像的储存或记忆，此情况较上述层次更高。此处应注意，I 与 S 之间并无"→"记号，因此时并非作为转换器用，而是储存记忆。当动物受到外在刺激时，若探求脑中所储存记忆的心像而采取行动，此时储存于脑中的心像即为 I.S。

W.S（word→storage）。语言的储存或记忆，此情况较上述 I.S 层次更高，即不单以"心像"来记忆，更进一步以"语言"来记忆，这种大脑机能之特性为人类所专有，其他动物并无此种机能。W.S 是针对 I.S 而产生的语言或文字符号，所以可与 I.S 联结，但并非一对一的联结。

W.R。言语检索亦即法则叙述，为 HBC 模型之最高层次。法则的叙述仅靠

W.S 或 I.S 是不够的，譬如"幸福"一义既无心像，也无相对的语言（parole），必须先将概念抽象化才有可能建立法则。不仅"幸福"一词，凡与心像无法联结的抽象文字均是如此，亦即语意学上的上位语言（meta→language），其最典型的例子即数式。人类因有这些 W.R 才能归纳，也才能了解教师所传授的法则，演绎也才成为可能。

以上 HBC 模型的五个层级虽有进化高低或机能发展迟早之区分，但就高级动物而言，并非发展至最高层级机能时低层级机能即被淘汰，反之，它们是并存的。以人类而言，W.R 与 W.S 固为人类所专有，但另外更基本的 S→O、I→O 及 I.S 三个层次仍同时存在。这三个层级相当于大脑旧皮质（无意识反应）的作用，是人类产生创意的源泉。NM 法 T 型对于创意的引发，即利用此旧皮质的作用。

②辩证法的思考模式。除 HBC 模型外，NM 法的另一个重要思考模式就是所谓"假说检定"的辩证思考模式。依据中山正和的理论，对于任何问题的解决，如有"这样做应可解决问题吧"的想法时，此想法即为"假说"，而此假说即为"创意"。

（六）模拟创新法

模拟创新法是指先依照原型的主要特征，创设一个相似的模型，然后通过模型来间接研究原型的方法。

1. 模拟概念

根据模型和原型之间的相似关系，模拟法可分为物理模拟和数学模拟两种。随着科学技术的高速发展，数学在各种科技领域中得到广泛运用，特别是电子计算机等先进技术的使用和推广，模拟法的应用范围也越来越宽广，成为提出新的科学设想、探索未知世界不可缺少的或主要的研究方法之一，如人脑模拟、战术模拟训练、工程模拟及模拟式经济管理等。教育教学中常用模拟教学、模拟训练、模拟游戏等方式进行控制条件下的综合性研究。

2. 模拟方法

（1）通过还原模拟进行创新

探索生命起源的米勒实验是一个创新，它证实了"生命是蛋白体的存在方式""生命起源必然是通过化学的途径实现的"这些判断是正确的。而且说明了一个道理,历史是无法重演的,只能用模拟还原过去。

（2）利用模仿进行创新

以某种实物或技术系统为摹本,对模仿对象加以模拟、改进和完善,从而研制出一个与摹本相似,但又有所创新的技术或技术系统,是一种通过模仿来进行技术开发与革新的思维方法。模仿创新法有三种方式：一是机理模仿,通过模仿某种事物或实物的机制原理而研制出另一类似的新东西。二是构造形体模仿,通过对其他事物的构造、材质、外形、色彩进行模仿而产生新的事物,如产品包装设计的模仿。三是功能模仿,通过模仿其他事物的功能作用而研制开发新技术。

（3）利用电脑功能模拟进行创新

人们把20世纪称为创造奇迹的世纪。短短百年中,人类打开原子大门,进入微观世界,实现了原子核裂变,找到了新能源；电脑的发明,带来了信息革命,人类进入信息社会,发射了宇宙飞船,登上了月球,征服了太空；发现了遗传密码,揭开了生命之谜；等等。就对人脑的解放而言,电脑应堪称首位,它为人类智力的解放提供了崭新的手段。电脑,即电子计算机或人工智能机,就其本质而言,是对人的思维信息过程的模拟,也可以称为功能模拟。功能模拟方法是以生物、机器乃至社会现象所普遍存在的某些功能和行为的相似性为基础,通过类比建立模型来模拟原型的功能和行为的方法。

（4）心理模拟法

自20世纪60年代以来,随着控制论功能模拟思想向心理学的渗透,我们找到了可用来确立心智技能操作原型的"心理模拟法"。"心理模拟法"的前身叫作"活动形式分析法"。这种方法的问题在于形成的心智活动是概括的、缩简的、自动化的,因而要查明其真正内容极其困难。以客体的归类活动为例,对一个已经熟练掌握这种活动方式的人来说,随着对客体的感知就发生了对客体的归类,即把客体纳入某类事物的概念中。这似乎是凭直觉或直接联想发生的,观察不到依靠概念去搜索客体本质特征的一系列心智活动,这就是归类活动高度缩简的缘故。为此,仅依靠这种分析方法难以建立心智活动的实践模式,必须配合其他方法。

第三章　创新能力培养探索与精神培育

第一节　创新能力培养探索

21世纪知识经济快速发展，要求人们有更强的适应性和更高的创新能力，当代大学生不仅要有强烈的创新意识、良好的思维能力和丰富的创新办法，还要有持之以恒的毅力，以及使这些方面素养有机结合的综合能力。正如一位学者所说的："既要异想天开，又要脚踏实地。"

一、创新能力的含义和原理

（一）创新能力的含义

创新能力是指运用知识和理论，在科学、艺术、技术和各种实践活动领域中不断提供具有经济价值、社会价值、生态价值的新思想、新理论、新方法和新发明的能力。它是一种综合能力，是以广博的知识为基础的。它并非间接作用于创新实践活动，而是直接影响和制约创新实践活动的进行，是创新实践活动赖以启动和运转的操作系统。

对于大学生来说，创新能力更多的是指其在学习过程中所表现出来的探索精神，发现新事物、掌握新方法的强烈愿望，以及运用已有知识创造性地解决问题的能力。

（二）创新能力的原理

创新能力形成的原理包含以下四点：其一，遗传是形成人类创新能力的生理基础和必要的物质前提。它潜在决定个体创新能力未来发展的类型、速度和水平。其二，环境是人形成和提高创新能力的重要条件。环境的优劣影响个体创新能力发展的速度和水平。其三，实践是形成创新能力的唯一途径。实践也是检验创新能力水平和创新活动成果的尺度标准。其四，创新思维是人形成创新能力的核心与关键。创新思维的一般规律是：先发散而后集中，最后解决问题。

二、创新能力的特征及类型

（一）创新能力的基本特征

一般来说，创新能力具有两方面的特征：综合独特性和结构优化性。

综合独特性指观察创新人物的能力构成时，会发现没有一种能力是单一的，都是几种能力的综合，这种综合是独特的，具有鲜明的个性色彩。

结构优化性是创新人物的能力在构成上呈现出明显的结构优化特征，而这种结构是一种深层或深度的有机结合，能发挥出意想不到的创新功能。

对大学生而言，他们正处于身心、学识不断发展的阶段，在外界环境和自身因素的作用下，其创新能力表现出以下基本特征。

1. 主动性

主动性表现为大学生主动地学习、参与各项科研创新活动，充分发挥自身主体的积极作用。高等教育中既需要教师发挥主导作用，积极引导，更需要学生发挥能动性，主动参与，只有把两者有机地结合起来，才能使学生在深层次的参与中，通过自主的"做"与"悟"，培养创新能力，发挥个性优势。

2. 实践性

实践是创新的源泉，也是人才成长的必经之路。个人的能力包括创新能力都是在社会实践中形成和发展起来的。大学生创新能力的培养，无论是培养的目的、途径，还是最终结果，都离不开实践。创新本身就是一种创造性的实践，必须坚持以实践作为检验和评价大学生创新能力的唯一标准。

3. 协作性

创新能力的协作性表现为由若干人或若干单位共同配合完成某一任务。大学生的创新能力不只与他们的智力因素有关，个性品质中的协作特征作为非智力因素在很大程度上也影响他们创新潜能的发挥。大学生创新能力的发展必须基于协作精神的树立，这是具有创新能力的重要特征。

4. 发展性

创新能力的发展性表现在创新能力不是一成不变的，它是一种潜在的综合能力，受多种内外因素的影响。大学生正处于身心不断发展的阶段，其创新能力必然随着个体知识结构、思维方式的进步及更多深层次的实践活动而不断提升。

（二）创新能力的主要类型

1. 学习能力

学习能力指获取、掌握知识、方法和经验的能力，包括阅读、写作、理解、表达、记忆、搜集资料、使用工具、对话和讨论等能力。学习能力还包括态度和习惯，比如"活到老学到老"的终身学习的态度和信念。个人具有学习能力，组织也具有学习能力，人们把学习型组织理解为：通过大量的个人学习特别是团队学习形成的一种能够认识环境、适应环境，进而能动地作用于环境的有效组织。也可以说它是通过培养弥漫于整个组织的学习气氛，充分发挥组织成员自身的创造性思维能力而建立起来的一种有机的、高度柔性的、扁平的、符合人性的、能持续发展的组织。

2. 分析能力

分析能力指把事物的整体分解为若干部分进行研究的技能和本领。事物是由不同要素、不同层次、不同规定性组成的统一整体。认识事物的有效方式之一就是把它的每个要素、层次、规定性在思维中暂时分割开来进行考察和研究，弄清楚每个局部的性质、局部与局部之间的相互关系，以及局部与整体的联系。做到由表及里、由浅入深、由易到难地认识事物和问题。分析能力的强弱与三个因素有关：一是个人的知识、经验和禀赋；二是使用分析工具和方法的水平；三是共同讨论与合作研究的品质。

3. 综合能力

综合能力是强调把研究对象的各个部分结合成一个有机整体进行考察和认识的技能和本领。综合是把事物的各个要素、层次和规定性用一定的线索联系起来，从中发现它们之间的本质关系和发展的规律。具体来讲，综合能力包括以下三项内容。一是思维统摄与整合，就是把大量分散的概念、知识点及观察和掌握的事实材料综合在一起，进行思考、加工、整理，由感性到理性、由现象到本质、由偶然到必然、由特殊到一般，对事物进行整体把握。二是积极吸收新知识，综合能力需要多方面的知识和方法，不断吸收新知识，不断更新知识都是必要的，特别是要学会跨学科交叉，把不同学科的知识、不同领域的研究经验融会贯通，才能更好地综合。三是与分析能力紧密配合，仅有综合能力，会有局限性和片面性，即缺少深入的、细致的分析，细节决定成败，在认识事物时也是如此，只有与分析能力相互配合，才能正确认识事物，实现有价值的创新。

4. 想象能力

想象能力指以一定的知识和经验为基础，通过直觉、形象思维或组合思维，不受已有结论、观点、框架和理论的限制，提出新设想、新创见的能力。想象力往往是发现问题和解决问题的突破口，在创新活动中扮演"突击队"和"急先锋"的角色，缺乏想象力的人很难从事创新工作。

5. 批判能力

批判能力表现在两个方面：一方面，在学习、吸收已有的知识和经验时，批判能力可以保证人们不盲从，而是批判性地、选择性地吸收和接受，去粗取精、去伪存真；另一方面，在研究和创新时，质疑和批判是创新的起点，没有质疑和批判能力就只能跟在权威及定论后面亦步亦趋，不可能作出突破性贡献。

6. 创造能力

创造能力是创新能力的核心，它是指首次提出新的概念、方法、理论、工具、解决方案、实施方案等的能力，是创新人才的禀赋、知识、经验、动力和毅力的综合体现。

7. 解决问题能力

解决问题能力包括提出问题和凝练问题，能针对问题选择和调动已有的经验、知识和方法，设计和实施解决问题的方案，对于难题，能够创造性地组合已有的方法乃至提出新方法来予以解决。解决问题分为狭义和广义两种，狭义地解决问题就是人们通常认为的各种问题的解决，如物理问题、数学问题、技术问题；广义地解决问题则包括各种思维活动，在这种情况下，创新能力就等同于创新性地解决问题的能力。

8. 实践能力

实践能力特指社会实践能力。提出创造发明成果，只是创新活动的第一个阶段，要使成果得到承认、传播、应用，实现其学术价值、经济价值和社会价值，必须和社会打交道，实践能力就是为实现这一目标而进行的各种社会实践活动的能力。

9. 协调能力

协调能力的实质是通过合理调配系统内的各种要素，发挥系统的整体功能，以实现目标。对于创新人才来说，要完成创新活动，就要协调各方，当拥有一定资源时，就可以通过沟通、说服、资源分配和荣誉分配等手段来组织协调各方，以最终实现创新目标。

10. 整合能力

创新人才的宝贵之处不仅在于其拥有多种才能，更重要的是其能够把多种才能有效地整合在一起并发挥作用。整合能力是能力增长和人格发展的结果，这需要通过学习、实践和人生历练获得提升。要完成重大创新，拥有整合多种能力的能力是关键。

三、提升大学生创新能力的意义、原则和策略

提升大学生创新能力既是实现中华民族伟大复兴的战略抉择，又是大学生自身成长成才的内在需要，涉及价值取向、教育改革、物质保障、社会机制及人文环境等方方面面，只有充分认识其重要性，并按照一定的客观原则对症下药、多管齐下、综合培养，才能取得实质性的进展。

（一）提升大学生创新能力的意义

创新能力是一个民族兴盛、进步和立足于世界之林的灵魂，是增强国家核

心竞争力的不竭动力。在当今社会,国家间的竞争说到底就是人才创新能力的竞争。

1. 提升大学生的创新能力是推进科教兴国战略、参与国际竞争、提高我国综合国力和国际地位的需要

一直以来,许多专家学者在探究穷国与富国的差距根源时,都得出这样的结论:富国雄厚国力的积累来自国民丰富的创新创造能力。而那些穷国的国民的创新创造能力却被种种因素限制。正因为这样,联合国对缩小贫富国家之间的差距所提出的对策之一,就是加速开发落后国家国民的创新创造能力。

如今,各国之间竞争的重点已经转化为以经济、科技为中心的综合国力的较量,而归根结底则是作为科技载体的人才的竞争,谁率先拥有了具备较强创新能力的人才,谁就会在这场激烈的国际竞争中争取到更大、更宽松的发展环境。

2. 提升大学生的创新能力是应对新世纪经济全球化和科学技术发展带来的挑战的需要

随着世界科学技术迅猛发展,一个以知识和信息为基础的、竞争与合作并存的全球化市场经济正在形成。各国更加重视知识创新、重视更新技术。一个国家特别是像我国这样的发展中国家,为在世界科学技术之林占有一席之地,占据新的制高点,在竞争中立于不败之地,不但需要知识创新,而且需要机制创新和各项工作创新。国际竞争的严峻形势要求当代大学生具有创新能力,因而必须接受创新教育。

3. 提升大学生的创新能力是完成我国社会主义初级阶段的发展战略

从大的社会发展阶段来说,我国还处于社会主义初级阶段;从世界范围的横向比较来说,我国虽然经济总量已经位居前列,但人均收入仍较低,经济文化也相对落后。鉴于此,对于承担祖国未来建设主力军任务的大学生来说,就要义无反顾地承担起历史和时代赋予的使命,全面提高创新能力,为社会创造更多、更好的物质和精神财富,为全面建成小康社会贡献力量。

4. 提升大学生的创新能力是全面推进素质教育的需要

全面推进素质教育,意味着以往的教育观念和教育模式将发生根本性的变革。以往的人才培养模式存在两大弊端:一是由于对教育的本质缺乏全面的理

解，导致只重视智育、过分重视知识灌输与考试分数，忽视创新能力的培养；二是由于对"人的全面发展"缺乏本质的理解，造成德育、智育、体育、美育等诸方面教育各据一条线，发展不均衡。素质教育的重要方面是培养大学生的创新能力，而大学生的创新能力只有通过创新教育才能达到预定的培养目标。大学生的创新能力，是通过系统的学校教育来实现的。学生的良好素质一经形成，就会进入不断建构的轨道，并且会成为推动自身健康成长的内在力量。

5. 提升大学生的创新能力是实现人的现代化的需要

由知识型向智能型转变，是人的现代化的重要体现。这种转变不是否定知识的传授，传授知识是为了发展能力，传授知识依然是高等教育的重要任务。创新能力必须有坚实的知识基础和熟练的思维技巧。每一门学科都有基础知识、基本理论和基本方法，这都是人们在认识有关事物的本质和规律的过程中建立和完善起来的。在传授知识的同时，必须加强实践环节，使学生掌握科学的思维方法，培养学生科学的思维能力和独立获取知识的能力，使学生从被动接受知识转变为主动建立自己的知识和能力体系，这是创新能力培养的基本思路。

面对时代发展提出的诸多挑战，只有认识创新能力、分析创新能力，进而掌握培养创新能力的基本方法，培养出的大学生才能具备一定的创新能力，为社会作出更大的贡献，才能牢牢把握住时代发展的主动权。

（二）提升大学生创新能力的原则

在提升大学生创新能力的过程中，应遵循以下四个基本原则。

1. 个性化原则

每个人都是一个特殊的、不同于他人的现实存在。从某种意义上说，个性化就是创造性的代名词，没有个性，就没有创造。因此，培养大学生的创新能力必须遵循个性化原则，因材施教，重在激发大学生的主动性和独创性，培养其自主的意识、独立的人格和批判的精神。确立教育的个性化原则，其一，要走出思想认识上的误区。要从"将全面发展与个性发展对立起来"的误区中解放出来，从"将全面发展理解为平均发展"的误区中解放出来，正确理解马克思关于人的全面发展理论；要从对"教育平等"的错误理解中摆脱出来，承认差异，发展差异，鼓励竞争，鼓励冒尖，不求全才，允许偏才、奇才、怪才生存与发展。其二,要从小培养和强化大学生的自主意识和独立人格。家长和教师都要彻底改变"听话就是好孩子、好学生"的旧观念,以民主、平等的态度对待孩子和学生,鼓励他们大胆质疑,逢事多问一个"为什么""怎么样",自己拿主意,自己作决定,不依附,不盲从,引导和保护他们的好奇心、自信心、想象力和表达欲,使他们逐步养成自主、进取、勇敢和独立的人格。其三,要因材施教。所谓因材施教,就是针对人的能力、性格、志趣等具体情况施行不同的教育。教师要善于激发学生的求知欲和创造欲,鼓励学生大胆发言,勤思考,多讨论,在所有的环节中把批判能力、创新性思维和多样性教给学生,培养学生的创新精神,努力创造宽松、自由、民主的"教学相长"的良好氛围。

2. 系统性原则

所谓系统,是由相互联系、相互作用的若干要素,以一定结构组成的,具有一定整体功能的有机整体。根据一般系统论原理,一方面,培养大学生的创新能力是一个包括培养创新意识、创新精神、创新思维、创新方法等诸要素的有机整体,绝不能割裂开来;另一方面,培养大学生的创新能力,是一项庞大的社会系统工程,需要政府、学校、家庭、社会各方面共同参与,封闭式的教育是没有出路的。系统科学理论为培养大学生创新能力提供了方法论的启示和指导。培养大学生的创新能力作为一项系统工程,需要在三个比较突出的方面做出改变。一是要进一步加大教育改革力度。教育在人的全面发展和社会进步中具有先导性作用。深化教育改革,最关键的是要把教育建立在市场机制的基础上,使教育面向市场,适应市场要求。要根据市场对劳动者需求的变动,调整教育的方针、内容;用市场来配置教育资源,调整、集中、重组现有的教育资源,促进产学结合,大力发展民办教育,增加新的教育投入。二是要尽快在全社会建立激励大学生创新的价值导向机制。社会价值取向具有激励和约束两方面作用。个人能力的发展方向如果与社会的激励方向一致,则可以达到较高的速度,并受到援助和尊重;培养大学生的创新能力,一定要建立鼓励探索、冒险、质疑和创新的激励机制,包括社会激励、市场激励和政府激励,形成新的价值导向。三是要加快以大学生活动中心、博物馆、天文馆、图书馆等为主体的知识基础设施建设和以多媒体电化教学为标志的教育技术现代化进程,为培养大学生的创新能力提供有效载体和物质保障。

3. 实践性原则

实践是人所特有的对象性活动，培养大学生的创新能力，无论是培养的目的、途径，还是最终结果，都离不开实践。遵循实践性原则，就要坚持创新是一种创造性的实践，坚持以实践作为检验和评价大学生创新能力的唯一标准。

4. 协作性原则

协作是指由若干人或若干单位共同配合完成某一任务。大学生的创新能力不只与他们的智力因素有关，非智力因素也在很大程度上影响他们创造潜能的发挥。个性品质中的协作特征就是这样一种因素。许多教育界人士曾经反复呼吁，目前我国独生子女的一个严重问题就是不善于合作与交往。世界国民教育的主旋律也已经从培养儿童"学会生存"转变成培养儿童"学会关心"。有人对诺贝尔奖获得者的工作态度与方式进行了全面分析，发现在286位获奖者中，近三分之一的人是因为与他人合作进行工作而获奖。相比之下，未获奖的科学家中，只有很少的人与别人进行积极的合作。这个结果表明，与别人一起工作可以增加创造性。有一个基本的事实就是：现代科学的发展已经让任何一个人都无法在一生中涉足科学技术的各个方面。要想在现有科学技术的基础上有所创造，就必须学会与别人进行"信息共享"。由此看来，人的创造性既是一种个人化的品质，也是一种社会化的特征。培养大学生的协作精神，首先，要从小培养他们乐观、豁达、开朗的性格，学会与人相处、关心他人。其次，要多让他们参加各种各样的集体活动，使他们学会在一个有竞争的集体中进行工作、学会在与人合作中进行创造。

（三）提升大学生创新能力的策略

大学生的创新能力对于国家发展和民族进步至关重要，特别是在我国改革开放深入发展阶段，大学生出色的创新能力成为经济社会可持续发展的保证。目前，我们对于提高大学生创新能力达成了共识，这对促进大学生整体素质的提高极为有利。然而，对于促进大学生创新能力发展的外部环境和具体操作的策略还不是很完善，需要进一步加强。

1. 不断增强大学生的主体意识

在大学生的教育和引导上,要尊重大学生主体人格、个人权利、潜能和创新价值。要培养学生进行独立思考和创新思维。大学时期是自我意识发展和自我需要扩大的时期,大学生是一个价值观的继承者和接受者,要让他们逐渐学会对社会现象和社会价值进行评判与选择,并在此基础上有新的发现和创造。大学生通过自觉和自主地追求价值目标,参与实践活动,接受社会的教育和影响,从而形成自身独特的对人对事的认识、体验、情感、评价和价值取向。我们不仅要教给大学生知识,而且要培养其正确的价值观和出色的能力;不仅使大学生得到全面发展,而且使大学生的个性得到充分的发挥和展示,以使当代大学生成为具有创新能力的高素质人才。这是教育规律的必然要求,也是时代发展的必然要求。同时,要培养大学生的自信心理。自信心是心理健康的一种重要标志,是培养大学生创新能力发展的前提,只有具有自信心的人才敢于探索世界。

2. 提高创新能力培养在教育目标中的比例

从人格理论出发,大学生的创新素质都必须经由教育才能实现,大学生的创新教育过程要受到来自社会、家庭和个人的种种因素的影响和作用,而学校教育对大学生创新素质养成具有恒定性、权威性、组织性作用。教育目标是养成创新素质的内控因素,它不仅是确立新教育理念的价值前提,也是规定开展创新素质养成的方向、基本任务和要求,是创新素质形成并起到积极作用的前提。依托国民教育,通过课堂教育充分发掘大学生创造潜能,应在内容与形式统一的基础上深化教育改革。由于创新素质教育所蕴含的内容极其丰富,目标思维涉及多层次、多目标序列,无论是教育理念、教育体制、教育模式的创新,还是教育内容、方法和手段的创新以及教师与学生创新能力的培养和创新水平的提高都是目标。可是,创新素质的养成不可能一下子整体完成,只有不断实现分阶段和分部分性目标,才能实现最终目标。因此,我们要对不科学的教育模式进行大胆改革,不断创新教育方法与理念,实施开放式教学,尽可能地加重创新教育在教育目标中的份额,还要在教育目标中加入科学的过程设计,调动学生的学习兴趣,保护学生的好奇心,触发他们的想象力和创造力,让学生成为教学活动的主体,让学生掌握获取知识的能力,而不仅是获得知识本身,真正实现教育目标由知识型向素质型的转化。

3. 创立与完善大学生创新能力培养的社会氛围

创新教育的实施是一项长期复杂的任务,而大学生创新能力的培养也不是一蹴而就的。促进大学生创新能力的发展不仅要有计划,还要有可促进大学生创新能力发展的良好社会大环境,逐步激发大学生的创新意识,充分发挥其创新潜力,释放其创新激情,促使创新教育顺利有效进行。人的活动是社会互动的表现形式,人的一切活动都不能单纯地解释为个体的活动。大学生所置身其中的社会整体创新素养的生长发育的现实状态及生活的具体社会文化和交往情境,就成为大学生创新意识、创新思维和创新能力培养的重要社会条件。为此,首先要通过教育和引导改变国民文化传统中的封闭、僵化思维方式,其次要提高国民科学文化素质,正确认识、对待社会文化发展的多样性特点,培育和发展社会文化的包容性、融合性和创造性,高度重视、全面提倡、大力支持和重点发展大学生的个性教育和创新教育。

4. 建立专门教育机构提供技术支持

要保证创新人才培养目标的实现,有效管理和监督是必不可少的。国家及地方教育行政管理机关应当设立专门的教育机构,其具体职责范围应当包括贯彻落实国家关于创新人才教育方面的法律、法规、规章,起草具体的实施办法并监督实施,组织本区域创新人才教育工作,进行相关教育教学质量的评估和监督工作,建设专业队伍,落实教育经费、基本建设投资的具体政策等。

第二节 创新精神培育

创新精神是创新人才发展的动力保证和精神品格,主要包括独立精神、探索精神、批判精神和献身精神。

一、独立精神

（一）独立精神的概念

独立精神是指不以他人意志为转移而具有独立自主的思想和意识，在行为上表现为不随波逐流，不盲从或依赖他人，当在现实中遇到问题和困难时，能够从自己的角度出发进行独立思考和判断，并在多种行为中做出带有明确自主倾向的选择。

独立精神既是维系一个人存在的精神基础，也是一个人的基本权利。它是一个人实现客观存在和主观发展的可靠保证，是一个人立足于社会的良好品质之一。一个具有独立精神的人必定具有不依赖他人而独立存在的精神世界。

独立精神意味着更多的自由发展空间和更广泛的自主选择权，也是实现创新的基础和前提。许多新的思想和新的文明就是在独立精神的指引下形成和发展起来的。

（二）独立精神的培养

1. 要有独立生存的自信心

这里的"生存"，不是指一个人自然生命的存在与延续，而是指具有主体意识的人独立开辟生活道路并自主创造人生价值的能力。现代人格强调生命独立自主，有独立面对生活、迎接挑战的勇气和信心，其中包括在不同环境中从事不同职业的能力、遇到各种情况时的人际交往能力、应对和处理问题的能力。

2. 要有广泛关怀的责任心

具有独立精神的人，不应当是信奉个人主义的自私自利者，相反，他应当具有广泛的人文关怀，充分表现出个人对社会、对国家、对他人的道义责任和法律责任，并自觉履行这种责任，在社会生活中自觉把握和促进人与自然、人与社会的和谐发展。独立精神鼓励带有明显个性化特征的思考，但否定过度自我化，换句话说，发展独立精神在强调主观意愿的同时必须结合客观现实，避免走向极端。

3. 要有对环境的主动适应能力

所谓对环境的主动适应能力，即良好的自我调适能力。"物竞天择，适者生存"，具有独立精神的现代人，必然具有较强的环境适应能力，在人与环境的互动过程中，个体能够以前瞻性思维与眼光做出预测与判断，并及时调整自己的人生目标和行动方案，以保持与不断变化的环境的协调统一，而不是消极被动地等待和忍耐。这一点也是独立精神在实际行为中体现最明显的特征之一。

二、探索精神

（一）探索精神的概念

探索精神是以求知为目的，以实践为方式，能使人们不满足于已知领域从而对未知世界进行探究与摸索，结果往往带来新的发现。

实践是探索精神的行为体现，也是检验探索结果的唯一标准。正是人类勇敢顽强、不屈不挠的无数次探索实践，才创造出了一个五彩缤纷、丰富多样的美丽世界。探索精神带领我们走向未来。

探索精神具有主动性和开放性特征，是实现创新的动力所在。

（二）探索精神的培养

1. 尊重事实、尊重规律

树立科学的世界观及踏实认真的科学态度，明确探索的方向，运用正确的方法。

2. 不怕失败与挫折

培养自己的勇气和信心，培养坚强的意志和坚忍的毅力。探索未知世界不可能一帆风顺，必定会伴随着坎坷、失败与挫折，那种锁定目标后锲而不舍的顽强精神，与科学探索的远大理想和崇高信念一样，是获得成功的最重要因素之一。

3. 善于总结经验

养成读书和思考问题的习惯，学会归纳总结，不断改进方法。在科学探索、开拓创新中，不仅要有不怕失败的精神和抗挫折的能力，更要有善于从失败中总结经验教训的智慧。"吃一堑，长一智。"认真从失败中汲取教训，在探索中改进方法，不断走出失败、超越失败，最终才能获得成功。

4.需要一个民主、平等、宽松、和谐的外部环境

海森堡曾说:"科学扎根于交流,起源于讨论。"波普尔指出:在思想世界中,最重要的因素是"讨论状态"。而探索精神是维系这一状态的重要基础。交流讨论、争论或辩论,让不同的看法和观点相互碰撞、借鉴和启发,是营造良好的学习氛围和使知识不断增值的必要条件。

三、批判精神

(一)批判精神的概念

批判精神是人类文明的重要标志之一,它是一种独立的怀疑精神,敢于质疑任何被认为正确、永恒的东西,对观念、事物及人们的行为发出疑问、进行反思,并在此基础上寻求解决问题的合理途径。批判精神要求积极地对可以求证的结论进行思考求证,对无法求证的论据和结论始终持一定的怀疑态度,同时不轻易下结论。批判精神中还包括不卑不亢的人格态度。总体来说,批判精神是一种表现为行为倾向的人格特征。

批判精神的最终目的是实现更好的发展,其着眼点是广阔的未来。批判精神的充分必要条件是思想、人格和精神的独立,因此由批判而引申出来的丰富内涵和积极意义远远大于批判本身。

科学的批判精神并非否定一切,而是辩证地否定,是继承与扬弃的统一。批判不仅是一种认识的手段和形式,更包含一种对待认识的态度,这种对待认识的态度最终会影响人们的日常行为方式和世界观,并进而形成批判精神。

(二)批判精神的培养

1.激发学生主体意识

主体性是人的全面发展最根本的特征,也是全面发展的核心和精神实质。主体性是人内在的属性,是与生俱来的,而不是后天赋予的。它集中体现为主体的独立性、主动性和创造性。要培养批判精神,首先要激发人作为生命个体的主体意识,要培养独立思考、主动学习、创造学习的主体意识。

2.要掌握批判性思维方法

批判并非简单粗暴地否定一切,而是辩证地否定,是扬弃,是克服与保留、批判与创造的统一。要打破习惯思维定式的束缚,敢于提出疑问,发现问题。

3.要营造宽松的人文环境

宽松、自由的学习环境是创造力不断生长发育的沃土。大学课堂不应仅是知识的传递场所,更应是思想交流的对撞场所,在这里,学生可以"肆无忌惮"地对教师的观点提出疑问,甚至否定;同样,教师也可以对学生提出的疑问"毫不客气"地进行反驳。一切都应该是自然的、顺理成章的。必须强调的是,疑问的本质是探究问题,目的是明辨真理,而非无原则的否定或人身攻击。

四、献身精神

(一)献身精神的概念

献身精神,是指把自己的全部精力或生命献给祖国、人民的事业,鞠躬尽瘁,死而后已。它是我们民族发展、科技进步过程中必不可少的一种精神,是创新精神中最具人性光辉的部分。有时,要取得一项创新,不知要经过多长时间的努力奋斗,需要克服很多意想不到的艰难险阻,还要经受多次的挫折和失败的打击。因此,在创新的过程中需要献身精神。

创新精神中所需要的献身精神并不是鼓励不顾危险、一味蛮干,而是要进行必要的防护,尽可能周密地安排,危险的发生只是由于太多复杂的因素和变数的存在,而这些无法完全被避免罢了。我们所提倡的献身精神与英雄主义和悲情主义有本质的区别,献身精神的出发点是对全人类以及对祖国和人民无尽的热爱和崇高的责任感,忘我奉献,不求回报,而英雄主义和悲情主义则往往凭借雄心壮志丰富个人体验,具有一定的盲目性。

(二)献身精神的培养

1.自我实现

现实生活中,没有什么比实现自己的梦想、发挥潜力并获得成功更强烈的需要,自我实现的过程其实也是发挥献身精神的过程。

（1）把职业当事业看待

每个人都在特定的岗位上工作，都是社会坐标上的一个点。然而，人们延伸坐标方位的轨迹却千差万别。那些具有献身精神的人，注重培养服从的意识、诚实的态度和敬业的精神；犯了错误之后不是推卸责任，而是想办法弥补过失，完成任务。说到底，这是一种针对职业的道德判断，这种判断具有强烈而质朴的情感意义。

（2）提高自身的自制性

要自觉控制和调节自己的行动，时刻提醒自己模范地执行已经获准的决定。顽强的自制力不是与生俱来的，而是在实践活动中养成的，尤其是在克服困难的过程中培育起来的。富有献身精神的人具有强烈的追求"卓越"的信念，因而对工作有更高的标准，并且会不断地用这样的标准激励自己。在这个过程中，他们能逐渐发现工作中存在的种种问题，及时地寻找解决办法，不断地调整自己的策略，取得阶段性成果后继续努力，朝着目标坚定自信地前进。

（3）培养良好的行为习惯

行为习惯决定一个人的品行，因为在多次重复某一行为之后就会令人习以为常，于是形成了品行。人的品行多种多样，无所事事令人退化，贪图安逸使人堕落，只有保持良好的工作状态才能使个人更好地创造价值。工作本身并不能体现价值，也没有贵贱之分。正当、合法的工作都有独特的价值，只要诚实地劳动和创造，没有人能贬低我们创造的价值。对工作要培养的态度是，以锲而不舍的精神关注由事业形成的事物链条中的每一个环节。

2. 自我激励

（1）要实践由"美德""勤奋"到"成功"的发展

"美德"和"成功"是人们终身受用的两种财富，只有拥有前者，才能获得后者，而"勤奋"是自"美德"起程通向成功的必由之路。有时"勤奋"未必能给我们带来看得见的报酬，然而通过勤奋付出，可以获得许多意想不到的收获，如机会、信任、褒奖等。从这个意义上讲，付出越多，收获也就越多。勤奋的人，会有意识地给自己增加压力，善于在工作中寻找突破，比如在一项活动结束后，及时地梳理相关材料，做好进一步分析预测工作。这样，极有可能得出前人未曾发现的结论,从而创造出为人称道的价值。

(2)要持续进行积累

成功是一种努力的积累。在工作中展示超乎寻常的工作效率的最好办法,莫过于不断地培育和强化超人的思维能力和判断能力。如果渴望成功,就应长久地保持献身精神,纵使面对的是缺乏挑战和毫无乐趣的工作,也要秉持积极向上的努力理念。

第四章 创新机会与创业项目

第一节 创新机会发现

一、企业常见的法律形态

（一）企业法律形态的内涵

企业法律形态是指企业在法律上的表现形式，依据不同的标准可以划分为不同的种类。我国原先以所有制、部门、地域为标准所划分的企业法律形态体系已经不能适应社会主义市场经济发展的需要，建立以组织形式、财产责任为划分标准的新型企业法律形态体系势在必行。企业法律形态是由法律规定的企业形态，设立企业只能选择法律规定的企业组织形式，不能随心所欲地塑造任意的企业形态。但企业的法律形态不是一成不变的，在不同时期有不同变化。

法律规定的企业组织形式根据不同标准有不同的分类。例如，根据投资主体的不同，将企业分为国有企业和非国有企业；根据承担职能的不同，将企业分为竞争型企业和非竞争型企业；根据是否独立享有权利、承担义务和责任，将企业分为法人企业和非法人企业。符合法人条件，依法取得法人资格的企业为法人企业；不符合法人条件，依法不能取得法人资格的企业为非法人企业。现代社会，法人企业在社会经济生活中占据主导地位，而非法人企业也普遍存在。公司是典型的法人企业，分公司、个人独资企业、合伙企业则属于非法人企业。

（二）无限责任与无限连带责任

无限责任界定的是"债务人和债权人"之间的关系，即债务人必须承担全部的清偿责任，也就是当企业的全部财产不足以清偿到期债务时，投资人应以自己个人的全部财产用于清偿，实际上就是将企业的责任与投资人的责任连为一体。

无限连带责任界定的是"投资人之间"的关系，即不管债务人之间内部如何约定，每个债务人都有义务对债权人承担全部的清偿责任，也就是当合伙企业财产不足以清偿其债务时，合伙人应以其在合伙企业出资以外的财产清偿债务，每一个合伙人对企业债务都有清偿的义务，债权人可以就合伙企业财产不足以清偿的那部分债务，向任何一个合伙人要求全部偿还。由于无限连带责任界定的是债务人之间的责任，所以个人独资企业的投资就谈不上连带责任的问题。

（三）有限责任和无限责任

根据承担责任是否有财产限制，民事责任可以分为有限责任和无限责任。

有限责任是指责任人以其出资财产承担民事责任。例如，抵押人仅以抵押财产对所担保的债权承担责任，有限责任公司的股东仅以其出资对公司债务承担责任。

无限责任是指责任人以其全部财产承担民事责任。例如，保证人的保证责任，合伙人对合伙企业债务所承担的责任。

区分有限责任和无限责任的意义在于：承担无限责任的财产范围不受责任人的出资或特定财产的限制，更有利于保护受害人或者权利人的利益。有限责任和无限责任是投资者对其投资企业的债务承担责任的形式。

所谓有限责任即有限清偿责任，指投资人仅以自己投入企业的资本对企业债务承担清偿责任，当企业资不抵债时，其多余部分债务则自然免除的责任形式。无限责任即无限清偿责任，指投资人对企业债务不以其投入的资本为限承担责任，当企业负债均摊到某投资人名下的份额超过其投入的资本时，其除了以原投入的资本承担债务，还要以自己的其他财产继续承担债务。

二、创业环境及政策分析

（一）体制机制改革

按照简政放权、放管结合、优化服务的要求，着力强化公平竞争环境和信用体系建设，推进简政放权，完善科技成果转化激励机制，提高科研体系创新效率，创新人才培养机制，实施更具竞争力的人才吸引制度，着力破除制约创新创业的体制机制障碍，加快形成创新创业新生态环境。

1. 加强公平竞争环境和信用体系建设

以市场竞争刺激创新，营造公平、开放、透明的市场环境，促进优胜劣汰，增强市场主体创新动力。实施严格的知识产权保护制度，降低侵权行为追究刑事责任的入罪门槛，实施惩罚性赔偿制度；完善商业秘密保护法律制度，研究商业模式等新形态创新成果的知识产权保护办法；打破侵权行为的地方保护；健全知识产权侵权惩处机制，强化行政执法和司法衔接，将侵权行为信息纳入社会信用记录。

国家发展和改革委员会、国家市场监督管理总局等部门协同合作，加快制定公平竞争审查制度，营造良好的创新创业生态。国家发展和改革委员会为推进社会信息体系建设，组织实施统一社会信用代码制度，在"信用中国"网站集中公示信用信息，创建了全国信用信息共享平台。

2. 推进简政放权

为加速简政放权，2015年起，国务院印发实施了《国务院关于取消和调整一批行政审批项目等事项的决定》（国发〔2015〕11号）、《国务院关于取消一批职业资格许可和认定事项的决定》（国发〔2016〕35号）等文件。深入推进注册资本登记制度改革，落实"先照后证"改革，动态调整前置审批目录；全面实施"三证合一""一照一码"登记制度，简化市场主体住所登记手续，开展企业简易注销登记试点，有序推进电子营业执照和全程电子化等试点。

3. 深化科技体制改革

《中华人民共和国促进科技成果转化法》对科技成果转化处置权下放和科

研人员奖励、报酬比例提高等内容作了更加明确的规定。其具体内容包括：国家鼓励研究开发机构、高等院校采取转让、许可或者作价投资等方式，向企业或者其他组织转移科技成果。国家设立的研究开发机构、高等院校对其持有的科技成果，可以自主决定转让、许可或者作价投资，但应当通过协议定价，在技术交易市场挂牌交易、拍卖等方式确定价格。通过协议定价的，应当在本单位公示科技成果名称和拟交易价格。关于成果转化收益，国家设立的研究开发机构、高等院校转化科技成果所获得的收入全部留归本单位；科技成果完成单位可以规定或者与科技人员约定奖励和报酬的方式、数额和时限，若没有规定也没有约定的，对科研人员奖励和报酬的最低标准按法律规定的情形给付。

4. 创新人才培养机制

《国务院办公厅关于深化高等学校创新创业教育改革的实施意见》（国办发〔2015〕36号）针对一些地方和高等院校创新创业教育理念滞后、与实践脱节、实践平台短缺、指导帮扶不到位等问题，提出要加快推进素质教育，提高人才培养质量，创新人才培养机制，完善条件和政策保障，健全创新创业教育课程体系，改革教学方法和考核方式，强化创新创业实践，建立创新创业学分积累与转化制度，加强教师创新创业教育教学能力建设，提升学生创业指导服务水平，完善支持高校教学、学生创新创业资金和政策保障体系。

国务院印发实施《国务院关于进一步做好新形势下就业创业工作的意见》（国发〔2015〕23号），强调加强就业创业服务和职业培训，尤其要注重加快发展现代职业教育，大规模开展职业培训，加强创业培训力度，利用各种培训资源，开发针对不同创业群体、创业活动不同阶段特点的创业培训项目。实施农民工职业技能提升和事业人员专业转岗培训，增强其就业创业和职业转换能力；发挥企业主体作用，支持企业以新招用青年劳动者和新转岗人员为重点开展新型学徒制培训。强化基地能力建设，创新培训模式，建立高水平、专兼职的创业培训师资队伍，提升培训质量，落实职业培训补贴政策，合理确定补贴标准。推进职业资格管理改革，形成劳动、技能等要素按照贡献参与分配的机制。

5. 为海外人才来华创业创造便利

吸引海外人才是集聚全球创新要素的重要内容。针对目前我国吸引外籍人才方面面临的问题,有关部门加快制定实施更具竞争力的人才吸引制度。比如,持有外国人永久居留证的外籍高层次人才在创办科技型企业时,可获得中国籍公民同等待遇;加快制定外国人在中国工作的管理条例,对符合条件的外国人才给予工作许可便利,向符合条件的外国人才及其随行家属提供签证和居留等便利;对满足一定条件的国外高层次科技创新人才取消来华工作许可的年龄限制。

(二)国家扶持政策

金融是现代经济的血液,也是创新创业的重要支撑。国家积极推动设立创业投资引导基金,持续加大财税优惠力度,构建多层次资本市场,提升银行业服务水平,着力解决种子期、初创期小微企业融资难、融资贵问题,助力中小微企业快速成长。

1. 设立国家创业投资引导基金

国家新兴产业创业投资引导基金,旨在助力创新创业和产业升级。国家中小企业发展基金主要用于引导和带动社会资金支持初创期中小企业,促进创业创新。

2. 加大财税优惠力度

常用的税收优惠政策包括:对符合条件的小型微利企业减半征收企业所得税,延长增值税免税优惠执行期限,完善研发费用加计扣除、固定资产加速折旧等企业所得税政策,扩大企业吸纳就业税收优惠适用人员范围。

3. 构建多层次资本市场

《国务院关于大力推进大众创业万众创新若干政策措施的意见》(国发〔2015〕32号)明确提出要优化资本市场。其具体内容包括:支持符合条件的创业企业上市或发行票据融资,鼓励创业企业通过债券市场筹集资金;积极研究尚未盈利的互联网和高新技术企业到创业板发行上市制度,推动上海证券交易所建立战略性新兴产业板;推进全国中小企业股份转让系统向创业板转板试点;研究解决特殊股权结构类创业企业在境内上市的制度性障碍,完善资本市场规则;规范发展服务于中小微企业的区域性股权市场,推动建立工商登记部门与区域性股权市场的股权登记对接机制,支持股权质押融资。

4. 提高银行业金融创新和服务水平

面对中小微企业、"三农"领域、知识技术密集的新兴产业领域以及大学生等特殊创业人群长期以来发展中存在的融资难、融资贵问题,中国人民银行、中国证券监督管理委员会等机构积极创新金融产品,加大支持力度,提升银行业服务水平。中国人民银行、中国证券监督管理委员会支持设立科技金融专营机构,鼓励银行向创新创业企业提供结算、融资等一站式系统化金融服务,量身定制包括知识产权质押、股权质押等在内的多种金融产品;完善促进大学生创业的金融服务工作机制;加大对小微企业和"三农"领域的融资担保扶持力度,试点银保合作服务小微企业模式;积极组建农村商业银行,培育发展村镇银行;大力发展农村普惠金融,全面提升农村金融服务质效,加大对农民工创业贷款支持和服务力度;推动投贷联动试点工作,鼓励和推动银行业金融机构的市场化合作。

(三)优化创业服务

良好的创业服务是提高创业成功率的重要保障。政府部门高度重视为创业者提供全方位、专业化的创业服务,通过搭建"双创"支撑平台和"双创"公共服务平台,加强创业培训,初步构建了涵盖社会市场类、园区平台类和政务类服务的创业服务体系。

1. 搭建创业孵化平台

《国务院办公厅关于发展众创空间推进大众创新创业的指导意见》(国办发〔2015〕9号)指出,通过对众创空间等新型孵化机构的房租、宽带接入费用和公共软件等给予适当财政补贴等一系列支持措施,加快构建一批低成本、便利化、全要素、开放式的众创空间。充分利用国家自主创新示范区、国家高新技术产业开发区、科技企业孵化器、小企业创业基地、大学科技园和高校、科研院所的有利条件,发挥行业领军企业、创业投资机构、社会组织等社会力量的主力军作用,推广创客空间、创业咖啡、创新工场等新型孵化模式。

启动运行了"创客中国"国家创新创业公共服务平台,为各类企业提供众包、众创服务。大力促进互联网金融健康发展,明确了互联网金融监管职责分工和各主要业态的具体监管要求。通过政府和公益机构支持、企业帮扶援助、个人互助互扶，搭建多样的"双创"平台，不仅吸引小微企业，也吸引很多大企业加入创新创业行列，引入众创、众包、众扶、众筹等平台，引发生产方式、管理方式发生变革。

2. "双创"公共服务平台建设

加快推动跨部门、跨区域、跨行业涉及公共服务事项的信息互通共享、校检核对，建设信息互通与跨部门协同平台。建设商务公共服务云平台，为中小微企业提供商业基础技术应用服务。大力推进中小企业公共服务平台网络建设。加快建设小微企业创新创业基地。鼓励各地利用闲置房产和土地，以及在现有工业园区等建立小微企业创新创业基地。

3. 加强大学生创业教育与指导

《国务院办公厅关于深化高等学校创新创业教育改革的实施意见》（国办发〔2015〕36号）提出了完善人才培养质量标准、创新人才培养机制、健全创新创业教育课程体系、改革教学方法和考核方式、强化创新创业实践、改革教学和学籍管理制度、加强教师创新创业教育教学能力建设、改进学生创业指导服务、完善创新创业资金支持和政策保障体系九大措施，深化高等院校创新创业教育环境改革。

三、创业机会的内涵、类型及识别

（一）创业机会的内涵

1. 创业机会的定义

任何重要的行动都源于某种想法，创业活动也不例外。虽然机会与创意等概念常被混在一起使用，但创业机会是一个具有独特内涵的概念体系，在创业过程中具有重要的地位和作用。

创业机会主要是指具有较强吸引力、较为持久的有利于创业的商业机会，创业者据此可以为客户提供有价值的产品或服务，并同时使创业者自身获益。创业因机会而存在，机会是具有时效性的有利情况，是未明确的市场需求或未充分使用的资源或能力。创意就是创业指向，是具有创新性甚至原创性的想法，可将问题或需求转化为逻辑性的架构，让概念物象化或程序化，而不是单纯的奇思妙想。产生创意后，创业者会把创意发展为可以在市场上进行检验的商业概念。商业概念既体现了顾客正在经历的也是创业者试图解决的种种问题，又体现了解决问题所带来的顾客效益和获取利益的方式。

创业机会主要源于四种情境的变化。其一，技术变革。它可以使人们去做以前不可能做的事情，或者更加有效地去做以前只能用不太有效的方法去做的事情。新技术的出现也改变了企业之间的竞争模式，使创办新企业的机会大大增加。其二，政治和制度变革。它意味着革除过去的禁区和障碍，或者将价值从经济因素的一部分转移到另一部分，或是创造更大的新价值。例如，环境保护和治理的加强，会将那些污染严重、对环境破坏较大的企业的资源，转移到保护人类环境的创业机会上。其三，社会和人口结构变革。通过改变人们的偏好和创造以前并不存在的需求来创造机会，通常表现为市场需求的变化。其四，产业结构变革。它是指为其他企业或者顾客提供产品或服务的关键企业的消亡，以及企业吞并或互相合并，行业结构发生变化，从而改变行业中的竞争状态，形成或终止创业机会。不难看出，没有变化就没有创业机会，创业者应善于创造性地利用变化。

2. 创业机会的特征

要了解创业机会，我们需要先了解机会的相关特征。

（1）机会是一种客观存在

客观存在是相对于主观意志而言的。机会是存在的，关键在于怎样识别和把握。无论看得到还是看不到，抓得住还是抓不住，机会都在那里。所以，有这样一句话：世界上并不缺少机会，只是缺少对机会的发现。

（2）机会是一种无形的事物

机会经常处于一种潜伏的状态，人们只能凭感觉意识到它的存在，而无法用眼睛看到它。机会总是隐藏在经济社会现象的背后，其真相往往被掩盖着，通常很难找到它的踪影。

（3）机会不会一直存在

"机不可失，时不再来。"所有机会都有时效性，错过了时间，机会就失去了效用。机会的时效性表现为两方面：一是稍纵即逝，二是一去不返。虽然机会时常出现,但同样的机会是不会重复再来的。同样,机会往往是社会共有的,只要稍微迟疑,就会被别人抢走。机会通常是一个不断移动的目标,存在一个"机会窗口"期,要抓住某一市场机会,其"机会窗口"应该是打开的,而且必须打开足够长的时间以实现必需的市场回报。

（4）机会往往伴随风险

机会往往与风险并存。由于大多数机会出现时间较短,人们往往既看不清楚它的全部本质,又因为它关系未来的事物,所以受到多方条件的制约。机会只属于那些有胆识的人,在机会面前左顾右盼、裹足不前往往会错失良机,但不顾条件地一味蛮干也会受到惩罚。机会的出现往往也会带来风险,所以创业者需要始终保持清醒的头脑。

有的创业者认为自己有很好的想法,对创业充满信心。有想法固然重要,但并不是每个大胆新异的想法都能转化为创业机会。许多创业者因为仅凭想法去创业而失败了。那么,如何发现一个好的商业机会?《21世纪创业》的作者杰里·第莫斯教授提出,好的商业机会有以下四个特征:

第一,它很能吸引顾客。

第二,它能在商业环境中施行。

第三,它必须在机会之窗存在期间被实施(注:机会之窗是指商业想法推广到市场上所花的时间,若竞争者已经有了同样的想法,并已经把产品推向了市场,那么,机会之窗就关闭了)。

第四,必须有资源(人、财、物、信息、时间)和技能才能创立业务。

3. 创业机会的来源

（1）问题

创业的根本目的是满足顾客需求,而顾客需求没有满足前就是问题。寻找创业机会的一个重要途径是善于发现和体会自己和他人在需求方面的问题或生活中的难处。例如,上海有一位大学毕业生发现远在郊区的本校师生往返市区的交通十分不便,便创办了一家客运公司。这就是把问题转化为创业机会的成功案例。

（2）变化

创业的机会大都产生于不断变化的市场环境，环境变化了，市场需求、市场结构必然会发生变化。著名管理大师彼得·德鲁克将创业者定义为那些能"寻找变化，并积极反应，把它当作机会充分利用起来的人"。这种变化主要来自产业结构变动、消费结构升级、城市化加速、人口思想观念变化、政府政策变化、人口结构变化、居民收入水平提高、全球化趋势等方面。

例如，居民收入水平提高，私人轿车的拥有量将不断增加，这就会派生出汽车销售、修理、配件、清洁、装潢、二手车交易、陪驾等诸多创业机会。

（3）创造发明

创造发明提供了新产品、新服务，能更好地满足顾客需求，同时带来了创业机会。例如，随着计算机的发明，计算机维修、软件开发、计算机操作培训、图文制作、信息服务、网上开店等创业机会涌现。即使不会发明新产品，也能成为销售和推广新产品的人，从而带来商机。

（4）竞争

如果能弥补竞争对手的缺陷和不足，这也将成为创业机会。看看周围的公司，能比它们更快、更可靠、更便宜地提供产品或服务吗？能比它们做得更好吗？若能，也许就找到了机会。

（5）新知识、新技术的产生

例如，随着健康知识的普及和技术的进步，围绕"水"产生了许多创业机会，上海就有不少人因加盟"都市清泉"饮用水项目而走上了创业之路。

（二）创业机会的类型

1. 依据"目的—手段"关系中的明确程度划分

根据"目的—手段"关系中的明确程度，创业机会可以分为识别型、发现型和创造型三种。

识别型机会是指市场中的"目的—手段"关系十分明显时，创业者可通过"目的—手段"关系的联结来辨识机会。例如，当供需之间出现矛盾或冲突时，不能有效地满足需求，或者根本无法满足这一要求时所辨识出的新的机会。常见的问题型机会大都属于这一类型。

发现型机会则是指目的或手段任意一方的状况未知,等待创业者去发掘的机会。例如,一项技术被开发出来,但尚未有具体的商业化产品出现,因此,需要通过不断尝试来发掘市场机会。

创造型机会指的是目的和手段皆不明确,创业者要比他人更具先见之明才能创造出价值的市场机会。在目的和手段都不明确的状况下,创业者在"目的—手段"间建立起联结关系的难度非常高,但这种机会通常可以创造出新的"目的—手段"关系,将带来巨大的利润。

在商业实践中,识别型、发现型和创造型三类创业机会可能同时存在。一般来说,识别型机会多处于供需尚未均衡的市场,创新程度较低,这类机会并不需要太繁杂的辨识过程,反而强调拥有较多的资源就可以较快地进入市场获利。把握创造型机会非常困难,它依赖新的"目的—手段"关系,而创业者往往拥有的专业技术、信息、资源规模都相当有限,更需要创业者具有极强的整合资源的能力与敏锐的洞察力,同时必须承担巨大的风险。发现型机会则最常见,也是目前大多数创业者研究的对象。

2. 依据"目的—手段"关系中的目的性质划分

依据"目的—手段"关系中的目的性质,创业机会可以分为问题型、趋势型和组合型三种。

问题型机会指的是由现实中存在的未被解决的问题所产生的一类机会。问题型机会在人们的日常生活和企业实践中大量存在。例如,消费者的不便、顾客的抱怨、大量的退货、无法买到称心如意的商品、服务质量差等,在解决这些问题的过程中,会存在价值或大或小的创业机会,需要用心发掘。烘焙品牌好利来的创始人罗红先生就是因为当年买不到能表达自己对母亲挚爱的生日蛋糕,而创建了自己的蛋糕店。一般人看到的是问题,而创业者看到的是机会。

趋势型机会就是在变化中看到未来的发展方向,预测未来的潜力和机会。这种机会一般容易产生在时代变迁、环境动荡的时期。在这种环境下,各种新的变革不断出现,但往往不被多数人认可和接受,一般处于萌发阶段。一旦能够及早地发现并把握这种机会,就有可能成为未来趋势的先行者和领导者。趋势型机会一般出现在经济变革、政治变革、人口变化、社会制度变革、文化习俗变革等多个方面，一旦被人们认可，它产生的影响将是持久的，带来的利益是巨大的。

组合型机会就是将现有的两项以上的技术、产品、服务等因素组合起来，实现新的用途和价值而获取的创业机会。这种机会类型好比"嫁接"，对已经存在的多种因素重新组合，往往能实现与过去功能大不相同，或者效果倍增的局面，例如，芭比娃娃就是将婴幼儿喜欢的娃娃与少男少女形象结合起来，形成一个组合，满足过了儿童期但尚未成年人群的需求，最终获得创业上的巨大成功。

3. 依据"目的—手段"关系中的手段方式划分

依据"目的—手段"关系中的手段方式，创业机会可以分为复制型、改进型、突破型三种类型，分别是指创业机会所运用的手段对现有手段的模仿性创新、渐进性创新和突破性创新。不少生存型创业活动采取的是复制行为，模仿他人、他地的成功模式，满足当地的需求；"山寨"创业活动多数来自改进型创业机会；数码相机相对于胶卷成像、电子手表相对于机械手表等则属于突破型创新，甚至可以说是"创造性的破坏"。研究表明，创业者更擅长"创造性的破坏"，他们抓住某些重大变革所带来的机会，创造出新的经营模式，给现存企业带来巨大冲击。

（三）创业机会的识别

1. 创业机会的识别因素

作为创业者，难能可贵的地方就在于能发现其他人看不到的机会，并迅速采取行动来把握创业机会，实现创业机会的价值。

在很长一段时间里，人们认为一般人群不可能看到创业机会，成为创业者的个体具有别人所没有的特殊禀赋，对创业机会的识别能力难以模仿，更不可学习。但是，随着学术研究的深入，人们逐渐总结出了一些识别创业机会的规律和技巧。正如不可能每个物理学教授都成为爱因斯坦一样，掌握有关识别创业机会的知识，虽然不能保证让每个人都能够发现创业机会，但也能给人们的行动提供思路和指导。

对于导致一些人更善于识别出有价值的创业机会的因素，不少学者进行过研究，表4-1是取得共识的四类主要因素。

表4-1 取得共识的四类主要因素

因素	说明
先前经验	在特定产业中的先前经验有助于创业者识别出商业机会，这被称为"走廊原理"。它是指创业者一旦创建企业，就开始了一段旅程，在这段旅程中，通向创业机会的"走廊"将变得清晰可见。这个原理提供的见解是，某个人一旦投身于某产业创业，这个人将比那些从产业外观察的人更容易看到产业内的新机会
认知因素	机会识别可能是一种自然禀赋或一种认知过程。有些人认为，创业者有"第六感"，使他们能看到别人错过的机会。多数创业者以这种观点看待自己，认为自己比别人更警觉。警觉很大程度上是一种习得性的技能，拥有某个领域更多知识的人，比其他人对该领域内的机会更警觉
社会关系网络	社会关系网络能带来承载创业机会的有价值信息，个人社会关系网络的深度和广度会影响机会识别。研究发现，社会关系网络是个体识别创业机会的主要途径
创造性	创造性是产生新奇或有用创意的过程。从某种程度上讲，机会识别是一个创造过程，是不断反复的创造性思维过程。在听到更多趣闻轶事的基础上，会很容易看到创造性包含在许多产品、服务和业务的形成过程中。对个人来说，创造过程可分为五个阶段，分别是准备、孵化、洞察、评价和阐述

2.创业机会的识别方法

（1）新眼光调查

注重二级调查：阅读某人发现和出版的作品、利用互联网搜索数据、浏览寻找包含所需要信息的报纸或文章等都是二级调查的形式。

开展初级调查：通过与顾客、供应商、销售商交谈和采访，直接与这个世界互动，了解正在发生及将要发生的事情。

记录自己的想法：瑞士最大的音像书籍公司的创始人有一个这样的笔记本，当记录到第200个想法时，他就坐下来回顾所有的想法，然后开办了自己的公司。

（2）通过系统分析发现机会

实际上绝大多数的机会可以通过系统分析发现。人们可以从企业宏观环境（政治、法律、技术、人口等）和微观环境（顾客、竞争对手、供应商等）的变化中发现机会。借助市场调研，从环境变化中发现机会，是发现机会的一般规律。

（3）通过问题分析和顾客建议发现机会

问题分析，从一开始就要找出个人或组织的需求和他们面临的问题，这些需求和问题可能很明确,也可能很含蓄。一个有效并有回报的解决方法对创业者来说是识别机会的基础。这个分析需要全面了解顾客的需求,以及可能用来满足这些需求的手段。

从顾客那里征求想法。一个新的机会可能会由顾客识别,因为他们知道自己究竟需要什么。顾客的建议多种多样,他们会提出一些诸如"如果那样不是会很棒吗"的非正式建议,留意这些建议有助于创业者发现创业机会。

（4）通过创造获得机会

这种方法在新技术行业中最常见,它可能始于明确以满足某种市场需求为目的,从而积极探索相应的新技术和新知识；也可能始于一项新技术发明,进而积极探索新技术的商业价值。

通过创造获得机会比其他任何识别创业机会的方式都难,风险也更高,同时,如果能够成功,其回报也更大。这种情况下所产生的创新在人类具有重大影响的创新中居于主导地位。

索尼公司开发随身听就是一个很好的例子。索尼公司觉察到人们希望随身携带一个听音乐的设备,并利用公司微缩技术的核心能力从事项目研究,最终开发出划时代的产品——随身听,取得了巨大的成功。

3. 创业机会的评价

虽然发现了创业机会,但这并不意味着要创业,更不意味着成功就在眼前。创业活动是创业者与创业机会的结合,并非所有的创业机会都有足够大的价值潜力来填补为把握机会所付出的成本,也并非所有机会都适合每个人。尽管在整个创业过程中,评价创业机会所需时间非常短暂,但它非常重要,是创业者发现创业机会之后做出是否创业的决策的重要依据。

对创业者来说,关键在于如何能够从众多机会中找出有价值的创业机会,并快速采取行动来把握机会。

（四）拓展创业机会

在信息化技术深度应用与新一轮科技革命兴起的趋势下,国家出台了一系列战略和规划,促进互联网、战略性新兴产业和服务相结合,为创新创业拓展更大应用空间。

生于互联网年代的创业者,与互联网一起成长、更迭,在学生时期就已经将互联网融入生活的方方面面,是实实在在的互联网"原住民"。吃喝在美团、穿衣在淘宝、出行在携程、社交在朋友圈、不懂找百度……无论是生活方式还是思维方式都带有原始、天然的网络印记。所以,互联网时代不仅带来了商业机会,也带来了独有的优势,这种优势是创业前辈所不具备的,或者说是创业前辈需要学习才能掌握的。

创业思维要根据时代的变化而变化,创业者要具有互联网思维,就像传统企业天生就活在工业社会一样,新时代的创业者天生就是互联网的一代。互联网不再仅是一个新增的渠道、新增的工具,而是生活的底层建筑。利用这种先天优势,创业者更容易发现别人忽略的商业机会。那什么是互联网思维?互联网思维具有哪些特性?应该如何利用这些特性去塑造互联网思维?

互联网思维,就是在互联网、大数据、云计算等科技不断发展的背景下,对市场、用户、产品、企业价值链乃至整个商业生态进行重新审视的思考方式。相对工业化思维而言,互联网思维是一种商业民主化思维、用户至上思维。这种思维下的产品和服务是一个有机的生命体,自带媒体属性,其企业组织也一定是扁平化的。互联网已融入各个行业,但这并不是简单的相加,而是利用信息通信技术和互联网平台,让互联网与各个行业进行深度融合,创造新的发展生态,这是互联网思维的进一步实践成果。创业者不是看客,而是要分析这种新的商业现象和商业逻辑,思考如何为己所用。

因此,创业者要根据时代的背景,把握创业的时机,抓住好的商业机会,争取创业成功。

第二节 创业项目选择

一、创业项目概述

(一)创业项目概念

创业项目是创业者为了完成制订的商业目标的具体办法和行为的工作。通俗来讲,创业项目是指创业者在考虑创业时综合各种影响因素选择要做的事情。创业项目的种类很多,所有的行业在一开始都可以说是从创业开始的,按行业可以分为零售、餐饮、服务等,按性质可以分为网络创业和实体创业。广义的创业可以是创业者自己开一个小店、开一家公司、加盟一个品牌,其实这些都是创业项目。

(二)创业项目分类

1. 从性质来看

创业项目可以分为实业创业和网络创业。网络创业,比如创业者开一个淘宝网店。

2. 从观念来看

创业项目可以分为传统创业、新兴创业及最新兴起的微创业。新兴创业,比如创业者开一个个性影像店,只是一个千元投资的小店。

3. 从投资来看

创业项目可以分为无本创业、小本创业、微创业等。小本创业,如开个小吃店,卖各种小吃和饮料。

4. 从方式来看

创业项目可以分为自主创业、加盟创业、体验式培训创业和创业方案指导创业。加盟创业,如加盟一个连锁企业。

二、创业项目选择原则

（一）符合国家产业政策原则

国家制定一定的产业政策，是为了调整和优化产业结构。创业项目的选择要符合国家产业政策。创业者应重点发展国家产业政策鼓励、支持的产业或项目，回避国家产业政策明确限制和压产的项目。

符合国家产业政策的项目可以享受很多优惠政策，得到相关的扶植。不符合国家产业政策的创业项目不仅得不到扶持，享受不到优惠政策，在国家产业结构调整时还会面临很大的风险。所以，创业者选择的项目一定要符合国家产业政策。

（二）目标市场明确原则

针对某个特定消费群体，进行市场调研，投其所好，乘"需"而入，推出新产品或服务项目，往往能领先一步占领市场。

（三）效益与潜力原则

项目选择讲求投资有较高的投入产出比，即投资要讲究一定的回报率。要选定有直观利润的项目。有些产品需求量很大，但成本高、利润低，忙活一阵只赚个吆喝的项目并不少见。

要看准所选项目或产品的市场前景，尽量选择潜力较大的项目来发展。选择项目不要人云亦云，尽挑一些目前最流行、最赚钱的行业，避免不经过任何评估，就一头栽入。要知道，这些行业的市场很可能已经饱和，就算还有一点空间，利润也不如早期大。

所以，创业者应尽量避开市场几近饱和或微利的项目。应选择有一定社会需求的项目，如针对市场缺、漏、补、遗而急需解决的问题。同时，如果条件具备，要优先选择那些社会效益大的项目。创业的目的是谋求经济利益最大化，但发展的基础是诚信经营、服务社会、促进就业。

例如，有一个计算机专业的大学生，他毕业后没有像其他同学那样找了个工作，而是开了一家计算机知识与应用培训班。由于计算机应用能力在求职中很重要，因此，参加计算机培训班的人络绎不绝。这个大学生创业者就是看准了开办计算机培训班的市场潜力。

（四）易于操作原则

具备了百折不挠的创业激情后，选项目就是最大的问题了。尤其是对于初始创业的大学生来说，选择可操作的项目是最重要的。根据功能，项目一般可划分为贸易型、生产型和服务型等。如何选择到适合自己发展和容易成功的项目呢？选择项目的根据是什么？由什么来决定所要选择的创业项目的类别？这些都因创业者的性格、专长、实力、环境而异。

创业者要从实际出发，不贪大求全。瞄准某个项目时最好适量介入，以较少的投资来了解和认识市场，等到自认为有把握时，再大量投入，放手一搏。不要嫌投入太少、获利低。"船小好调头"，即使出现失误，也有挽回的机会。

（五）独特性原则

创业项目多多少少都要有一点创新或者独特的新意。对投资额在几万元或者十几万元的项目，我们不主张选革命性或者全新的项目，这样做的话市场推广的难度非常大，风险非常高。针对现有的产品与服务，重新设计改进现有商业模式，比创造一个全新的产业模式要容易得多。事实上，企业家大多是在项目上进行国际水平跟踪性、局部性的改良。创业者最好把现有各个领域先进性的东西组合到自己的项目中，走"组合创新"的道路。只要有创新意识，任何产品和服务都有创新的可能，无论是功能的增加、材料的减少、工艺的改进、费用的降低还是消费的个性化等，都有无限的创新空间，也有无穷的创业机会。

选择的项目一定要有"根"，这是项目生命的根本和不断发展的条件。可以概括为两句话：别人没有的，强过别人的。

"别人没有的"：可以是某种资源与某种特定需要的联系，可以是某种公认资源的新商业价值。例如，一个走亲戚的人发现附近的山上有陶土，可以制作陶器，他进一步了解到附近有铁路。于是他买下这块下面有陶土的地，把土晾干后磨成粉，卖起了陶土。这个人的长处就在于有着别人所没有的商业敏感性，从而能先于别人发现当地陶土的商业价值和价值转换的可行性。

"强过别人的":一个项目不论哪个方面,哪怕有一点能高人一等、优人一档,就能有更高的成活率、成功率。比如成本控制,世界500强企业中的沃尔玛,能把管理费用控制到销售额的2%。沃尔玛能够取得骄人业绩,就在于它有强过别人的地方。

(六)理性取舍原则

当项目信息繁杂的时候,不要任何一个项目都舍不得丢弃,而是要建立一套项目筛选机制,有项目评估的程序和评价指标体系。项目评估的指标主要包括项目是否符合个人兴趣、投资额大小、投资回报水平、行业前景与市场潜力大小、经营场所要求、市场准入、需要的员工技能、需要的人际关系资源、上下游业务渠道控制能力。

周密的考察和科学的取舍必不可少。创业者对获取的信息要善加分析,千万不要轻易投资没有经过实地考察和对现有用户评价进行深入了解的项目。重考察,一要看信息发布者的实力和信誉,最好向当地工商管理部门等了解情况;二要看项目成熟度,有无配套设备,服务情况如何,能不能马上生产上市等;三要看目前此项目的实际实施者在全国有多少,经营情况如何等。

选择创业项目时不能有急躁的心理,不要妄图毕其功于一役。应该用更理性的态度、花费一定时间来慎重选择。这样有可能找到可以经营几年甚至可以毕生经营的项目。

(七)小本大事原则

一个鸡蛋可以变成一座农场吗?可能绝大多数人会觉得太不可思议,并给出否定的回答。但是,这个问题的答案却是肯定的。首先把蛋孵成鸡,再让鸡生蛋,蛋再孵成鸡……如此循环往复,鸡越孵越多,蛋越生越多,钱也会越来越多。买来牛羊,购置土地,于是,一个农场就从当初的一个鸡蛋"孵化"出来了。这听起来像个神话,其实更像一则关于财富的寓言。它说明了这样一个原理:大的财富是可以由小本经营累积起来的。拥有小本钱的创业者,只要具有稳定的心态和拼搏的精神,完全可以在未来的某一天成为坐拥百万财富的大赢家。

大型项目运行后,单位成本低、技术基础强,容易形成支柱产业,但资金需求量大，管理经营难度大。而一般的投资者，哪怕已经是百万富翁，只要是做民间性质的投资，就宜选择投资小、见效快、技术难度系数低的项目。近年来，发展最快的民间投资项目种类千差万别，经营方式无奇不有，但上千万元的大项目却寥寥无几。

那种认为"创业需要大量资金"的看法实际上是一种误解。社会同样需要平民创业英雄，关键是"勿以本小而不为"。由于中国人口众多，市场广大，越是小的东西越蕴藏着巨大的商机，无论多小的项目，只要耐心挖掘，都能做出成绩。

（八）因人而异原则

每个人的情况不同，同一个项目，对某个人来说是合适的，换到另外一个人身上，可能结果就完全不同了。适合自己的才是最好的，这句话也适用于创业项目的选择。创业者应选择自己熟悉并拥有资源优势的项目，不盲目追求社会经济热点，以避免决策失误，浪费劳动和投资。

个人创业选择项目一定要遵守"不熟不做"的宗旨，选择自己熟悉或十分热爱的行业和项目。不熟悉的东西看起来好像很美好，那是因为你只发现了其优点，还没有发现其缺点。如果从事完全不了解的行业，在经营中会遇到各种各样的困难，很有可能导致失败。创业者感觉熟悉的项目难度小，那是因为对其了解得较为透彻，能够把握项目内部的各种难点。选择的项目与自己过去的从业经验、技能、特长和兴趣爱好越吻合，对行业的产、供、销越清楚，则越有内在和持久的动力，成功的可能性就越大。

三、创业项目选择的方法

项目选择是创业过程中的关键一环。对创业者来说，选择一个好项目，就相当于跨出了走向成功的第一步。

能否找到好项目的关键在于能否发现商机。在激烈的市场竞争中，一条有价值的信息常常可以带来价值可观的经济效益。而一些大学生创业者之所以感到"市场难找，事业难创"，主要原因是缺乏从各种信息中分析、研究、预测市场的敏锐性以及观察消费者各种不断变化需求的能力。实际上，一些看似平凡的、不起眼的现象，其背后往往隐含着某种市场信息。如果创业者不重视开发和利用这些信息，或不能用心去分析和筛选信息里蕴藏的大市场，就会导致许多有价值的信息从我们的眼皮底下偷偷溜走，从而使我们错过许多成功创业的良机。

（一）发现差异

同一商品的价格在不同地区，或者同一地区的不同时节可能有较大波动。甚至有的东西在此地毫无出奇之处，到了另一个地方则可能成为奇缺商品。

（二）市场细分

对于创业者来说，无论提供的是一个产品还是一项服务，都是为了满足人们的某种需求。对于寻找机会的创业者来说，从关注人们的需求入手，分析他们的消费习惯和消费心理，选择合适的项目，生产和提供满足他们需要的产品和服务，成功的可能性会更大。

然而，市场上顾客的需求是多种多样的，那些对创业方向一无所知的创业者可能会觉得无从下手。其实，只要对这些客户进行有效的分类就会发现，对于某一类顾客来说，他们的基本需求是相似的。创业者没有必要把目光集中在所有的顾客身上，而应该有目标、有重点地把目光集中在某一类顾客的需求上，比如，政府职员、大学教师、小学生、单身人士、残疾人、老年人等。特定市场中蕴藏着无限的商机，对于创业者来说，即便是一个很小的顾客群体，如果能够满足他们的需求，也能发现和创造一个很大的市场。

（三）填补空白

创业者可以根据自己对某一行业的分析，直接从市场中发现潜在的需求，并通过创业来满足这种需求，从而填补市场空白。

（四）关注细节

小细节中往往隐藏着大商机。着眼于生活细节，关注自身或旁人生活中的苦恼或困惑，同样可以找到创业机会。我们常常推崇"勤劳致富"，但勤劳只是成功的必要条件，取得最后的成功往往有赖于一双善于捕捉商机的慧眼。在现实生活中,有许许多多的事例都在证明这样一个道理:任何一件不起眼的商品都有可能蕴藏着巨大商机,关键看你是否关注细节,能否发现它。

(五)善于改进

看到一样东西不好用,你有没有想过去改进它?只要你时时留意细心观察,总会对某些人存在的困难或需求有所了解和认识,继而产生兴趣,找到一些解决方法后,商机就这样出现了。所以,创业往往都是在平凡中起步。在我们生活的社会里,人们永远都在追求方便、快捷、舒适,永远有数不清的东西需要改进,我们只要发现可以改进的地方,找到解决这些问题的办法就有事业可做。就算已经有人找到了解决办法,只要你的办法更有效、成本更低,你才有机会。

(六)巧用当地资源

俗话说:"靠山吃山,靠水吃水。"当地资源是创业者所拥有的资源的一部分。创业者如果能慧眼独具,发掘自己身边特有的资源,往往更容易成功。

四、影响创业项目选择的因素

(一)创业者的个人实力

要考虑创业者自身的综合因素,比如曾经的工作经验、个人性格以及资本实力,对这些要素进行综合评价。综合评估创业者创业的成功概率,可以避免创业者盲目创业,避免不必要的损失。

(二)创业项目效益评估

1. 税后净利合理

一般而言,创业项目具有吸引力,至少要能创造15%以上的税后净利。如果创业预期的税后净利在5%以下,说明这不是一个好的创业项目。

2. 达到损益平衡所需的时间

创业合理的损益平衡时间应该是在两年以内,如果项目已运行了3年还达不到损益平衡,那恐怕就不是一个值得投入的创业项目。不过有的创业项目确实需要经过比较长的时间,通过前期的长期投入,才能保证后期的持续获利。

在这种情况下，创业者可以将前期投入视为一种长久投资。

3. 投资回投率

考虑到创业可能面临各项风险，合理的投资回报率应该在25%以上。一般而言，若某项目只有15%以下的投资回报率就是不值得考虑的创业机会。

4. 资本需求

所需资本少一点儿的创业项目，一般比较受创业者的喜爱。事实上，很多案例表明，资本过高的创业项目并不利于创业成功，有时还可能导致投资负回报率。通常来讲，在创业刚开始的时候，不要投入太多的资本，最好通过盈余积累的方式来创造资本。而比较低的资本将有利于提高每股盈余，并且可以进一步提高未来企业上市的价格。

（三）创业项目市场需求状况

1. 市场定位

一项好的创业项目，肯定是有其专门的市场定位的。市场定位是企业以后发展的一个方向。市场定位应该专注于满足顾客的需求，并且能为顾客带来增值的效果。因此，在评估创业项目的时候，应该从市场定位是否明确、顾客需求分析是否清晰、顾客接触通道是否流畅、产品是否持续衍生等方面来判断创业项目可能创造的市场价值。创业带给顾客的价值越高，那么创业成功的概率越高。

2. 市场规模

创业的市场规模的大小和成长速度的快慢，是影响创业成败的重要因素。一般而言，市场规模大者，进入门槛相对较低，市场竞争激烈程度也会略为下降。如果要进入的是一个十分成熟的市场，纵然市场规模很大，由于已经不再成长，利润空间也会很小，因此这项新企业就不值得再投入。反之，一个正在成长中的市场，通常会是一个充满商机的市场，所谓"水涨船高"，只要进入时机正确，必定会有获利的空间。

3. 市场结构

创业项目的市场结构分为供货商、顾客、经销商的谈判力量、替代性竞争产品的威胁，以及市场内部竞争的激烈程度五项。创业者可以从市场结构分析知道自己的企业未来在市场中的地位，以及可能遭遇竞争对手反击的程度。

4. 市场渗透力

对于一个具有巨大市场潜力的创业项目，市场渗透力（市场机会实现的过程）评估将会是一项非常重要的影响因素。聪明的创业家都知道选择在最佳时机进入市场，也就是市场需求要大幅成长的时候。这样才可以获得成功。

5. 市场占有率

创业者要考虑创业项目预期可能会取得的市场占有率，从而显示企业在未来的市场竞争力。一般而言，在成为市场的领导者后，企业最少需要20%以上的市场占有率。如果市场占有率低于5%，则说明这个企业的市场竞争力不高，自然也会影响未来企业上市的价值及可能性。

6. 产品的成本结构

产品的成本结构可以反映企业的前景是否光明。可以从以下几个方面来判断产品的成本结构，即物料与人工成本所占比重之高低、变动成本与固定成本的比重、规模经济、产量大小等。

第五章 创业计划书与创业风险

第一节 创业计划书

一、创业计划书的内容与结构

(一) 创业计划书的基本内容

一份创业计划书要完整、规范,一般应该包括以下基本内容:计划概要、企业概况、产品或服务介绍、市场分析、管理团队和组织结构、营销计划、生产与运营、财务计划、风险分析和附录等内容。

1. 计划概要

计划概要要列在创业计划书的最前面,它是对整个创业计划书的高度概括。计划概要涵盖了计划书的要点,必须一目了然,使读者能在最短的时间内评审计划并做出判断。

计划概要一般包括以下内容:公司介绍、主要产品和业务范围、市场计划和销售计划、生产管理计划、管理者及组织、资金需求状况等。计划概要首先要说明创办新企业的思路,新思想的形成过程以及企业的目标和发展战略。其次要交代企业现状、过去的发展历程和企业的经营范围。在这一部分中,要对企业以往的情况做客观的评述,才能使读者容易认同企业的创业计划。最后要介绍一下新创企业家自己的背景、经历、经验和特长等。企业家的素质对企的成绩往往起关键性的作用。计划概要应尽量简明、生动，特别要说明自身企业的不同之处及企业获取成功的市场因素，重点把握以下七点：

（1）阐述企业理念和企业概况

说明公司何时形成、公司性质、公司将要做什么、产品或服务有何独特之处、将要在市场上处于领先的专有技术和企业独具的能力等。

（2）商机和战略

概述存在的商机，对此商机感兴趣的理由、原因；开发此商机的战略；概括关键事实、条件、竞争对手、行业趋势；说明企业进入市场的发展和扩张计划。

（3）目标市场和预测

简要解释行业和市场、主要顾客群、产品或服务定位，包括市场结构、细分市场的大小和成长率、预计的销售数量和销售额、预计的市场份额、定价策略。

（4）竞争优势

指明创新产品、服务和战略的竞争优势、竞争者的缺点和薄弱环节。

（5）盈利和收获潜力

介绍达到盈亏平衡点和现金流为正的大致时间框架、关键财务预测、预期投资回报等。

（6）管理团队

说明创业带头人和管理团队成员的结构、专业背景、知识能力、经验及技能、已经取得的成绩、承担的责任及组织内分工等。

（7）投资者退出战略

简要指明准备给提供资金者公司的股份数额以及目标投资者、债权人或合伙人如何得到期望的回报。

2. 企业概况

对企业的描述应该考虑到每一个细节问题，如企业的经营业务、战略目标、组织结构、供应商、专利或商标等。

这一部分应包括企业的合法名称、经营地点以及在其名称或标识上附加的商标，还要说明将在哪里开展业务、陈述企业类型（制造商、零售业、服务业）、指出所要服务的目标顾客。

要陈述组织形式(个人独资、合伙企业、公司制等)、列出企业所涉及的人及他们将要扮演的角色。尤其要提到是谁建立了这个企业,以及在什么时候创办的。如果公司已经改变了所有权,要说明原因。对企业中所涉及的人,要说明他们的姓名、职位及经历。

还要说明现在的增长策略及是否要拓展新的市场;要说明产品或服务在市场中如何销售,如果是一个现有企业的话,也给出增长率;同样要说明产品或服务定位于哪些人,让读者了解企业未来5年业务的发展方向及变动理由,重点把握以下四点:

(1)机会

有待于解决的问题或未满足的需求。其中包括创业机会识别、如何认识机会和怎样抓住机会。

(2)企业概述

包括企业名称、地址、创建时间;企业使命、目标和战略;企业理念、主营业务、产品或服务。

(3)竞争优势

包括企业的商业模式及企业如何塑造持续竞争优势。

(4)现状与发展

既包括企业现状描述,也包括企业发展方向、发展定位、发展战略。

3.产品或服务介绍

这一部分要介绍产品或服务提供什么样的价值以及是否有创造利润的潜力,这也是评估投资项目时投资人所关心的问题。因此,这一部分也是创业计划书中必不可少的内容。对产品或服务的介绍要具体些,包括产品或服务的性能、用途及特征、市场前景和市场地位、与市场上同类产品或服务相比的竞争优势与独特性等,重点把握以下三点:

(1)产品特征

包括产品满足需求情况,与竞争对手产品相比的独特性。介绍产品和服务、产品用途、独特特征以及产品或服务的经济价值和社会价值。

（2）产品设计、开发的时间、资金

包括产品开发的现状、产品的性能、特点和相关图纸、必要的数据、产品的成本、售价。

（3）专利或专有技术

包括产品或服务获得的专利、商业机密或其他所有权特征。

4. 市场分析

市场分析主要确定目标顾客和市场。这是创业计划书中非常重要的一个部分，在这一部分需要花一段时间认真准备，并做一些调研工作。

创业计划书这一部分需要获得一些拟创业企业的竞争者材料，企业的产品或服务将会拥有多少顾客，这是非常重要的，许多企业家都想跳过这一调研，从未真正了解他们想将产品销售给哪些人，以及潜在顾客的数量是否足以让企业生存下去。一位潜在的贷款人或者投资者想要知道的是，不论竞争如何，你的企业所拥有的潜在顾客都足以使你盈利。所以在制定营销战略前，要花一定的时间做市场分析。如果试图服务各个潜在市场类别，你将无法使那些最有可能购买产品或服务的顾客满意；而聚焦于市场的特定类别顾客就可以实现这一目标。更重要的是，试图覆盖所有的顾客需要大量的资金，而初创者一般在资金方面较为紧张。确定市场中的哪一个市场类别最有吸引力就是进行市场细分。在市场细分的过程中，你可以制定营销战略，并对每一个目标市场进行相应的促销和分销组合，重点把握以下六点：

（1）产品描述

介绍所在行业的现状、前景、规模、经济趋势、产业吸引力、成长期、盈利潜力等。

（2）竞争者及其优势分析

包括竞争对手的产品、价格和市场策略。分析预计市场的进入障碍，企业克服障碍的策略，可作出市场竞争者评估表。

（3）目标市场的购买特征

包括经济、地理、职业、心理特征等。

（4）目标市场规模预测趋势

包括目标市场的成长率、份额、销量及预计市场规模和趋势。例如，可以按照细分市场、地区、数量和潜在盈利率来说明今后3～5年将提供的产品或服务的市场发展规模、将占有的市场份额；3年内潜在市场的年增长率；影响市场增长的主要因素，如行业趋势、政府政策、经济形势、人口变化等。

（5）市场份额和销售额预测

根据对产品或服务的优势、市场规模、发展趋势、顾客、竞争对手及其产品销售趋势的评估，估计今后3～5年内每年获得的市场份额、销售数量、销售额。

（6）毛利和营业利润

描述在细分市场上销售产品或服务的毛利、营业利润情况。

如果你是为钱而工作，你永远也不会实现你的目标；但如果你是因为喜爱所从事的事业，并且永远把顾客放在第一位，成功将属于你。

5. 管理团队和组织结构

这是创业计划书中最关键的部分之一，而且在创业计划书评估过程中，通常是较早为企业潜在投资者所读到的，通常这个部分位于执行概要之后。这一部分需要包括关于管理团队方面的信息、组织结构、所有权方面的信息及董事会。众所周知，风险项目的资本家们实际上投资的是管理，而不是商业理念本身，许多创业者认为，如果他们拥有一个很好的商业理念，投资者就会投资，事实并非如此，原因在于许多好的商业理念的失败，就是因为企业缺乏有经验、有能力的管理层。然而，这并不是说一个好的想法不重要。一个好的想法同样需要一个好的管理团队。因此，管理团队的选择对于你的企业的长期成功是至关重要的，并且将是投资者们所评估的关键要素。

管理团队要包括所有将在风险项目中起重要作用的人，以及那些能为企业增强可信度的人，例如董事会、关键咨询人员，以及将会加入的关键管理人员，你可能还希望管理团队中包括一位拥有对于企业而言至关重要的关键员工。你要对企业所涉及的每一个关键人员的责任做出说明，他们将要对企业做出什么样的贡献，他们与企业及每个人之间的相容性，以及他们的职务进行一一介绍。

组织结构图要包括对于每一个职位的职能的描述，及其与其他职位的联系，还要包括对图标的陈述性描述，开始可能只涉及几个人，而且每个人可能担任几项职务。然而，无论如何，找出这些人的责任领域是很重要的，因为公司将要成长，企业组织结构将更加庞大。未明确的责任领域及决策可能会成为争论的源头，尤其是在合作企业中，重点把握以下五点：

（1）管理团队

列出关键管理岗位角色、人员、职责；团队成员在技术、管理、技能及经验方面的合理性、互补性。

（2）组织结构

描述组织结构时，可采用绘制组织结构图的方式。

（3）主要管理人员的背景

包括关键人员的专业知识、技能、成就、相关培训情况。

（4）所有权与报酬

包括将要支付的月薪、计划安排的股票所有权、关键成员股权投资的数额；计划进行的各种凭业绩分配的股票期权、奖金等。

（5）专业顾问与服务

指出所选的法律、会计、营销、银行的顾问名字，以及他们能够提供的支持和服务。

6. 营销计划

新产品或服务的市场营销计划与策略，是决定企业在未来的市场上站稳脚跟，从而具有竞争优势的关键因素。企业要确认什么可以将产品或服务推销出去，对于竞争对手，营销可以建立在价格、服务、特色和质量的基础上。如果企业拥有一个以上竞争优势，将会拥有更多打击竞争对手的机会，为了确定企业竞争优势，要问一问是什么让企业的产品或服务与众不同，顾客为什么会购买你的产品而不是竞争对手的产品。否则你的产品或服务将会显得没有任何特别之处。要发展竞争优势，必须下足功夫，因为这正是顾客购买你的产品而不是竞争对手的产品的原因。在新的市场中，企业能够在竞争不太激烈的时候早进入市场而获得市场份额，如果进入一个成熟市场，就需要与竞争对手争夺市场份额了。

一份完善有效的营销计划可以由企业自己制订，也可寻求管理咨询机构的帮助，但是一定要认真对待，实现产品和服务与市场的良好对接，增强投资者的投资决心，重点把握以下四点：

（1）营销战略

全面考虑价值链和细分市场上的分销渠道，描述公司的营销理念和战略，指出产品或服务将被怎样引入地区、全国和国际市场，叙述今后的销售延伸计划。

（2）产品或服务定价

讨论产品或服务的定价策略，以及制造成本和销售价格之间的利润。

产品策略是指企业提供给目标市场的产品、服务的集合，主要包括产品的实体、服务、品牌、包装、质量、规格等因素。

定价策略是市场营销组合中十分关键的组成部分，通常影响交易成败，同时关系市场对产品的接受程度。对于新产品的定价策略一般有三种：撇脂定价策略、渗透定价策略和适宜定价策略。

（3）促销策略

说明销售和分销产品的方法、吸引顾客注意力的办法。

（4）销售渠道

说明怎样将产品或服务引入市场。

7. 生产与运营

在高效的创业计划书中，创业者应尽可能将产品的生产和经营过程展示给投资者，主要包括：新产品的生产经营计划、企业现有的生产技术能力、要购置的或已有的生产资源、厂房与生产设备等，重点把握以下四点：

（1）公司条件

包括现有的生产技术水平、地理位置、条件、物流情况；运输、公共设施的便利程度；厂房、机器和设备；场地使用情况。

（2）劳动力

包括公司人员的可供应性、技能、工资。

（3）原材料供应

列出一份生产、产品设计和开发计划，写明各个运营成本的数量信息，包括可用原材料、劳动力、购买的组件、经营性开支。

（4）质量控制和改进能力

写明质量控制、生产控制、库存控制的方式；质量控制和检测的过程和方法。

8.财务计划

这部分将用来判断企业未来经营的财务损益状况，进而帮助投资者判断所投入资金能否获得预期的回报。首先应该考虑的报表包括损益表、资产负债表和现金预算表。

损益表可以说明预期经营成果，通过销售额、销货成本、费用、利润或亏损数据，为企业运营结果提供规划依据。资产负债表将提供新创立企业拥有的资产和负债方面的信息，表明企业未来不同时期的财务状况。在最初三年中，这些信息应按半年进行预期，通过相关财务数据显示初始投资和未来投资的合理性，现金预算表则强调了融资的需要和时机以及对营运资金的需求，重点把握以下六点：

（1）销售预算

预计每月销售额的期望值。

（2）经营成本

为了达到某种目的或获得某种商品所付出的成本，一般分为固定成本和可变成本。

固定成本指厂商在短期内无法改变的那些固定投入带来的成本，主要包括购置机器设备和厂房的费用、租金、资金（自有资金和借入资金）的利息、工资、折旧及各种保险费用等。

可变成本指厂商在短期内可以改变的那些可变投入带来的成本，依赖于销售量、季节以及新的业务机会的成本，如广告、原材料、销售、日常运营等各项费用。

（3）财务报表

财务报表包括损益预估表、资产负债预估表、预计现金流量表。这个表格的顺序通常也是财务信息流动所遵循的逻辑次序。

损益预估表：也称为收益表，是反映企业在某个特定时段经营效果的财务报表，可以反映收入和支出情况，也可以反映企业目前是盈利还是亏损。

资产负债表：反映在某个特定时间点上企业的资产、负债和所有者权益的情况。

现金流量表：预测未来特定时间段内企业现金状况的变化。

（4）盈亏平衡分析

明确需要多少单位产品的售出，或者要多大销售规模才能达到盈亏平衡。盈亏平衡点就是令企业既不盈利也不亏损的销售额度。

（5）盈利能力分析

盈利能力就是公司赚取利润的能力，主要评价指标有财务内部收益率、投资回收期与财务净现值。

①财务内部收益率（IRR）。这是项目在整个计算期内各年净现金流量现值累计等于零时的折现率，它反映了项目所占用资金的盈利率，是考察项目盈利能力的主要动态评价指标。IRR值越大越好，当IRR大于或等于行业基准收益率或设定的折现率时，表明其盈利能力已满足要求。

②投资回收期。这是指以项目的净收益抵偿全部投资所需要的时间，它是考察项目在财务上的投资回收能力的主要静态评价指标。投资回收期的值越小越好，只有投资回收期不大于该行业的基准投资回收期或设定的回收期时，该项目才是可行的。其计算公式为：

投资回收期 = 累计净现金流量开始出现正值的年份 − 1 + 上年累计净现金流量的绝对值 / 出现正值年份的净现金流量

③净现值（NPV）。这指投资方案所产生的现金净流量以资金成本为贴现率折现之后，与原始投资额现值的差额。NPV是考察项目在计算期内盈利能力的动态指标，该值越大越好，只有当NPV大于或等于零时，该项目才是可行的。

NPV= 未来报酬总现值 − 初始投资额

根据项目特点及实际需要，也可计算销售净利率、销售毛利率、资产报酬率、净资产收益率等指标，来评价项目的盈利能力。

销售净利率＝（净利润/销售收入净额）×100%

销售毛利率＝[（销售净收入－产品成本）/销售净收入]×100%

资产报酬率＝[（净利润＋利息费用＋所得税）/平均资产总额]×100%

资本收益率＝（净利润/平均资本）×100%

净资产收益率＝净利润/平均净资产×100%

（6）偿债能力分析

偿债能力分析指标主要有流动比率、速动比率、现金比率、资本周转率、清算价值比率和利息支付倍数等。

流动比率＝（流动资产合计/流动负债合计）×100%

速动比率＝[（流动资产合计－存货净额）/流动负债合计]×100%

现金比率＝[（货币资金＋短期投资）/流动负债合计]×100%

资本周转率＝[（货币资金＋短期投资＋应收票据）/长期负债合计]×100%

清算价值比率＝[（资产总计－无形及递延资产合计）/负债合计]×100%

利息支付倍数＝（税前利润＋利息费用）/利息费用）

创业计划书中财务预算使用的数据必须与创业计划报告前面各部分分析的数据一致，并且要遵循保守、诚实、规范等规则。

9.风险分析

在创业计划书的风险部分列出企业可能面临的潜在问题或风险，是非常重要的。这些风险包括：来自竞争者的，不能达到销售计划的，或者低估了成本方面的。

如果企业是一个现有企业，找出过去曾经面临的问题及解决方法，说明为了防止问题再出现要采取哪些措施。重点把握以下五点：一是企业各方面的限制情况，如资源限制、管理经验限制、生产条件限制等。二是创业者自身的不足，包括技术、经验或者管理等方面的欠缺。三是市场的不确定性。四是技术产品开发的不确定性。五是财务收益的不确定性。

针对存在的每一种风险，企业应制定风险控制与防范的措施和对策。

（1）政策风险

政策风险是指国家经济制度的变革、经济法规和经济政策的修改、政府对于企业所在行业进行的产业政策调整和相关重要的举措、法律法规出台，导致企业现有的生产及经济利益与国家相关政策产生矛盾的情况，从而产生政策风险。对于这部分风险，企业无法控制和回避，因此只能尽可能详尽地分析和了解相关政策法规，并使企业的经营活动与之相适应。对于政策风险的分析，首先要探查国家有关部门对企业所在行业已经出台的相关政策，并确定企业的生产活动以及经济利益的获取是否符合相关的法律法规；同时要把握前沿，搜寻行业内相关企业的经营活动是否曾受到政府部门的管制和处罚，政府是否可能会出台更多政策对企业的活动形成相关的限制，将其与企业现有经营活动进行比对分析；如有可能，可以考察国外政府对相关行业的管制方式和出台的管制政策，并分析我国政府是否有可能在近期出台相关的管制政策，从而对公司的经营造成影响。

（2）市场风险

市场风险是指由于某种全局性的因素引起的投资收益的可能变动，市场风险来自公司外部，因此公司无法控制和回避，如随着潜在进入者与行业内现有竞争对手这两种竞争的逐步加剧，市场竞争会越发激烈，企业为了生存与竞争的需要，就可能采取"价格战"的策略，进而引起公司甚至整个行业产品价格的波动，影响公司经营和收益。因此，在分析市场风险时，就需要对潜在进入者的能力进行了解，并初步判定潜在进入者进入本行业将会采取什么样的竞争方式，以及现有的竞争者可能采取的竞争方式，同时需要了解产品的市场接受度、市场容量的大小等。

（3）财务风险

财务风险是指企业由于不同的资本结构而对企业投资者的收益产生的不确定影响。财务风险源于企业资金利润率和借入资金利息率差额上的不确定因素，以及借入资金与自有资金的比例大小，借入资金比例越大，风险程度则越高。因此，在进行财务风险分析时，应综合考虑企业的初期投资和中短期的现金流，中长期的借债和融资资金，同时需确定公司资金使用成本和收益。

（4）技术风险

技术风险是指企业现有技术无法实现产业化，随着时间的推移和科学技术的发展，导致企业现有的技术、产品可能被淘汰，企业无法在短时间内研发出新技术、新产品的风险。因此，在进行技术风险分析时，需要详细了解与本公司产品的相关技术是否配套、成熟，相应的设施和设备是否完善。

（5）人力资源风险

人力资源风险主要包括企业对关键人才的过度依赖风险，在高科技公司这一风险尤为高，少数关键人才掌握了公司的核心技术，使公司对核心员工高度依赖；人才短缺风险，如随着公司经营规模不断扩大，公司对中高级管理人才、技术人员尤其是高新技术领域的高水平人才的需求将大量增加，人力资源的问题将日趋突出。

10. 附录

虽然这并不是创业计划书的关键部分，但是这一部分可以包括许多用来支持计划书的主要内容的记录，它将向阅读者显示已经制订的一个全面且计划周密的文件。

在完成计划书的每一个部分之后，就写下这一部分包括的文件。如果你有相当数量的文件，那么根据它们所支持的部分组织一下语言，确保它们能够清楚地被标出。所包括的任何支持文件都应该与充实创业计划书的内容相关，千万不要仅为了增加创业计划书的容量而包含一些不必要的文件，所包括的支持性文件都应当确实能够增加创业计划书的价值。

例如，生产型企业可能要包括厂房的布局，而服务型企业则可能要提供市场调研数据。在企业部分，可以加入产品的照片、设施、租赁协议、专利或商标，产品研制阶段已经完成了的调查及测试研究。营销部分包括所处行业增长、变化的信息对于竞争者的比较性分析的信息、市场份额方面的信息以及图表、人口统计市场信息、广告材料。管理部分的支持性资料应包括企业关键管理人员的简历，还应包括人员培训以及为存货和财务而建立的控制系统。如果你有生产设施，此部分可包括对于生产过程的详细描述、流程图及设施的布局。对于零售经营来说，可以包括商店的平面图。财务部分应该有设备及基本费用的清单,最好和最坏情境下的财务报表、财务数据表、市场或产品的盈亏平衡计算、资金需求表。如果将要申请贷款来购买设备,就要包括设备购买协议或者租赁合同。对于一个新企业来说,可以包括任何购买的意向书。这些能说明企业具有一定的收入来源。

计划书的附录部分向读者提供有关企业的进一步信息。这一信息将为企业的计划书增加可信度。这些支持信息应该是易被理解的,而且看起来应该很吸引人,这一点非常重要。

该部分的内容重点把握以下四点:一是所有人员的简历;二是产品样本,顾客或供应商评价;三是重要的图表、照片、技术分析、法规审批、参考资料等;四是企业营业执照、公司章程、验资审计报告、税务登记证、高新技术企业(项目)证书、专利证书、鉴定报告、市场调查数据、主要供货商、经销商名单、主要客户名单、场地租用证明、公司及其产品的介绍、宣传资料、工艺流程图、各种财务报表、其他备查资料。

(二)创业计划书的结构

一份格式清晰、明了、严谨的创业计划书正是一个有前途的企业及企业家的写照。创业计划书在创业活动实践中,形成了相对规范的格式。创业计划书在结构上可分为以下六个部分:

1. 封面

封面应用大写字体指出是某公司创业计划书,并注明公司地址、通信方式。特别要注意的是,要指出公司的指定联系人的姓名和电话。此外,应注明创业计划书的完成日期。封面应该简洁明了,纸质坚硬耐磨,可依公司风格选择彩色或素色的纸张,也可采用通明胶片。

2. 扉页

虽然名为扉页,却是十分重要和具有实质意义的一页,这一页应向意向投资人出具关于本创业计划书的保密须知或守密协议,其目的在于保证创业计划书中的内容不致外传和泄露。企业为了顺利获得融资,不得不在创业计划书中披露一些对企业来说十分机密的内容,如企业的技术、未来的竞争策略、营销计划及财务状况等。这些秘密一旦泄露,将会对企业的未来发展造成不可估量的损失，因此，在正式交付创业计划书前应与投资方约定好保守商业机密的协议，在对方同意之后，方可转交创业计划书，并且在创业计划书中附上此协议。

3. 目录

目录标明创业计划书各部分的内容及页码。

4. 摘要

摘要浓缩了整个创业计划书的精华，是对整个创业计划书的概括，其目的在于用最简练的语言展现创业计划的核心、要点、特色，吸引阅读者仔细阅读全部的文本。

摘要十分重要，是出资方首先看的内容，必须能让阅读者有兴趣并渴望在此基础上获取更多的信息。因此，摘要应从正文中摘录出主要的、核心的、让阅读者关心的问题，一般包括企业介绍、产品或服务范围、市场概貌、营销策略、销售计划、生产管理计划、管理者及管理方式、财务计划、资金需求等。

摘要应有鲜明的特点，如在介绍企业的时候，先介绍创办企业的思路、理念、文化等，要让阅读者感受到创业计划的独到之处。在对市场充分调查的基础上，创业计划应说明企业产品或服务的市场价值及潜在市场，结合市场现有产品或服务的市场环境，用自己的创新思想使阅读者对你的产品或服务感兴趣。

5. 正文

正文是创业计划书的主体部分，应分别从公司基本情况、经营管理团队、产品或服务、技术研究与开发、行业及市场预测、营销策略、产品制造、经营管理、融资计划、财务预测、风险控制等方面对投资者关心的问题进行介绍。在这一部分，要做到数据资料翔实、准确、丰富，内容结构重点突出，实事求是。

6. 附录

附录是对正文中涉及内容的补充，对一些相关数据、资料进一步说明、介绍、解释。比如，公司的章程、市场调查问卷、调查分析、合同、知识产权的证明等。

创业计划书不是越长越好，应该尽可能简短而且内容全面，因为投资者经验丰富但时间有限，一份有效的创业计划书能很快吸引投资者，使其进一步识别创业计划书中所涉及的关键性的核心问题。因此，在撰写创业计划书的过程中也要考虑阅读者的感受，不要过于虚浮或夸张，但也要让投资者看到创业者的风险意识、认真负责的态度，智慧地展示创业者的创业思路与预期成果。

二、创业计划书的撰写

创业计划书反映的是企业现实需要和需求，体现的是创业者及其经营团队的创业理念和创业目标，表明的是企业发展方向和产品或市场潜力，凝练的是创业计划书的执行概要。创业计划书是把创业构想变成文字方案。因此，创业计划书应该汇集整个创业团队的思想和智慧，应该符合这个领域共同认可的标准和规范。

（一）创业计划书的标准

一份完整、规范的创业计划书，应该符合以下标准：

1. 格式完整

创业计划书的各部分、各章节都按照严格的顺序依次完成，条理清晰，内容全面、完整。

2. 具有明确的针对性

不同的投资者兴趣往往是不同的，他们关注的侧重点不同，思考的重点、特点不同，文化背景也不同。创业者要对投资者的背景及相关情况做深入了解，投其所好、有针对性地完成创业计划书。

3. 语言言简意赅

创业计划书的书写和编排要力求精练、紧凑，语言方面言简意赅，通俗流畅。整个报告应可读性强，视觉效果好，图表清晰、美观，尽可能使用当今流行的、现代的技术与方法。

4. 篇幅适宜

创业计划书应做到长短适中，既要把应该阐述的问题、内容表达清楚，描述完整、准确，又要避免烦琐、啰唆，尤其是要杜绝没有必要的套话、不切实际的花哨语言。

5. 风格赏心悦目

创业计划书的风格既要考虑投资者的情感，也要体现创业者的意愿和喜好。它不是讲话、报告，也不是小说、散文类的文学作品。因此，创业计划书要有冲击力、感染力，能够吸引阅读者的眼球，给阅读者留下深刻的、美好的印象。

6.逻辑严谨缜密

创业计划书逻辑应严谨缜密，用科学的事实和切实的数据来阐述。对于技术的先进性，要用专业的词汇描述。介绍公司创业设想时，要结合市场调查研究的结果。对未来市场的前景展望要合情合理、言之有据。对产品的介绍分析要有充分的证据。风险退出要合理、可行，不可凭空想象。竞争分析需要做到知己知彼，需知"没有竞争对手"不能证明你的项目领先、可行，反而说明项目是没有生命力的。创业计划书的写作过程中，不能妄自菲薄，瞒天过海，漫无边际，自吹自擂。定量的介绍、分析要比单纯的语言夸大作用更好。

（二）撰写创业计划书的基本步骤

1.准备阶段

创业计划书的编写涉及的内容较多，因而制订创业计划书前必须进行周密安排。

该阶段主要包括如下一些准备工作：一是确定创业计划书的目的与宗旨；二是制订创业计划书编写计划；三是确定创业计划书的种类与总体框架；四是制订创业计划书编写的日程安排与人员分工。

2.资料准备阶段

以创业计划书总体框架为指导，针对创业目的与宗旨，搜寻内部与外部资料，包括创业企业所在行业的发展趋势、产品市场信息、产品测试、试验资料、竞争对手信息、同类企业组织机构状况、行业同类企业财务报表等。资料调查可以分为实地调查与收集二手资料两种方法。实地调查可以得到创业所需的一手真实资料，但时间及费用耗费较大；收集二手资料较易，但可靠性较差。创业者可根据需要灵活采用资料调查方法。

3.创业计划书的形成

创业计划书形成阶段要完成以下两项任务：一是拟定创业执行纲要；二是草拟初步创业计划书。

根据创业执行纲要，对创业企业的市场竞争及销售、组织与管理、技术与工艺、财务计划、融资方案及风险分析等内容进行全面编写，初步形成较完整的创业计划方案。

4. 修改完善阶段

创业计划小组在这一阶段对创业计划书进行广泛调查并征求多方意见，进而提出一份较满意的创业计划方案。

5. 创业计划书定稿

最后定稿，并印刷制成正式创业计划文本，通过图表说明创业计划书的基本框架。

（三）撰写创业计划书应避免出现的问题

1. 过分乐观

对创业的前景盲目乐观，对可能出现的问题分析不足。

2. 数据没有说服力

采用的数据、资料过于笼统，缺乏说服力；或者有的数据不是在认真、详细的调查基础上得到的。

3. 概要部分太长而且松散

概要是创业计划书的精华，有些计划书怕说不完、说不清，结果这部分篇幅很长，内容又不紧凑。

4. 忽略竞争威胁

有的创业计划书不谈竞争，或者干脆认为自己的创业计划书"没有竞争对手"，这都是不能客观分析、正确对待事物的表现，是很危险的。

5. 产品或服务导向缺乏应有的数据

对产品或服务不能提供数据的说明，只是凭"创意"概念；不能用数据、图纸来解释，只是简单的语言描述。

6. 不专业或太花哨

创业计划书缺少封面、联系信息；在设计上与产品或服务关联性不强，过于花哨、凌乱。

7. 写作风格和分析深度不一致

创业计划书应该是完整的一个体系，从头至尾应该风格统一，应该突出重点、内容全面。对于关键问题、重点问题，不能避重就轻、敷衍了事。

8.滥用资料而无针对性

有的创业者在撰写创业计划书时把自己能够掌握的资料都用上，担心阅读者不重视。实际上，这样重点不突出反而会使阅读者产生了不信任感。例如，在列举企业顾问时，列出了几十人的名单，这显然是不切合实际的。

撰写创业计划书的6C原则：

（1）概念（concept）

让别人知道你要卖的是什么。

（2）顾客（customers）

顾客的范围要很明确，还要确定顾客的年龄段等具体信息。

（3）竞争者（competitors）

你的东西是否有人卖过，是否有替代品，竞争者与你的关系是直接还是间接等。

（4）能力（capabilities）

要卖的东西自己懂不懂。比如，开餐馆，如果聘请的师傅辞职了又找不到人代替，但自己也不会炒菜，应如何做。如果自己没有这个能力，至少合伙人要会做，否则最好不要开餐馆。

（5）资本（capital）

资本可以是现金，也可以是有形或无形资产。要清楚资本在哪里、有多少，自有的部分有多少，可以借贷的有多少。

（6）持续经营（continuation）

要清楚你的核心竞争力能让你的企业持续经营多久。

三、优秀创业计划书的特点

创业计划书是投资人接触新项目的第一步，为了撰写出一份出色的创业计划书，向投资人展示计划及项目具备可行性，即使是面对同样的创业机会，不同的创业者制订的创业计划书也不一样。但是成功的创业计划书却有一些相同的特征，这也是创业者制订创业计划书时应该使其具有的特征。成功的创业计划书都是对一项新业务所带来的机遇和风险进行明确的综合评估。对创意的描述和风险的评估有相当的难度，这些是一个成功的创业计划书必备的特点。

（一）好的创业计划书最吸引人的是它清楚的结构

投资者应当能够在计划中找到他们所关注问题的答案，很容易找到他们特别感兴趣的话题，这就要求创业计划书必须有一个清楚的结构，使读者能够灵活地选择他们想要阅读的部分。

说服投资者不是靠分析和数据的多少，而是靠论点和基本论据的组织结构。因此，对任何能使投资者感兴趣的话题，都应该进行充分而准确的讨论。一般情况下，创业计划书大约在20页。

投资者阅读创业计划书时，有时创业者并不在场，因此不能及时地回答问题并提供解释，考虑到这个因素，计划书的正文必须能够自圆其说。因此，可能的话，在将创业计划书提交给投资者之前，应当先让一些人"试读"。例如，可以让朋友或者同事，最好是那些对你的创意不了解的人，先阅读创业计划书，并提出问题。

（二）好的创业计划书以其客观性说服投资者

有些人在讲述他们的创意时会得意忘形。的确，有些事情需要以充满激情的方式讲述，但应该尽量使自己的语气比较客观，使投资者有机会仔细地权衡论据是否有说服力。如果一份计划书写得像是一份煽情的广告，那么它很可能会激怒而不是吸引投资者，结果导致投资者产生怀疑甚至拒绝接受。

另外，因以前曾有过某种计算失误或错误，而对自己的项目过度批评也是同样危险的，这将使投资者对你的能力和动机产生怀疑。应当尽你所能，提供最准确的数据，如果提到弱点或不足，那么一定要同时指出弥补的方法或措施。这并不是说你应当隐瞒重大的弱点或不足，而是说在制订计划的时候，就应当设计弥补这些不足，并在计划书中清楚地表达出来。

（三）好的创业计划书应当让技术上的外行人也能读懂

一些创业者认为，可以用丰富的技术细节、精心制作的蓝图，以及详细的分析给投资者留下深刻的印象。多数情况下，简单的说明、草图和照片就足够了。如果计划书中必须包括产品的技术细节和生产流程，则应当把它们放在附录中。

（四）好的创业计划书应当有前后一致的写作风格

一般情况下，会有几个人合作完成一份创业计划书。最后，必须有人对这项工作进行整合，以避免整个计划书风格不一、分析的深度不同，像一块打满补丁的破被子。考虑到这个因素，最好由一个人负责最后定稿的编辑和修改工作。

（五）好的创业计划书是你的名片

创业计划书应当有统一的版面格式。例如，字体、字号等应当根据文章结构和内容保持协调一致，插入必要的图表时应力求简洁，而且可以考虑使用印有（未来的）公司的徽标的文头纸。

四、创业计划书的展示

要想使自己的创业计划书吸引阅读者，除了将计划书写得完整、规范、有特色，还应掌握创业计划书的展示过程。

（一）展示准备

展示通常是由创业者和团队成员用陈述的方式来介绍创业计划书的内容，因此，要做好如下展示准备：

1. 拟定陈述词

陈述词内容应通俗易懂，切忌罗列专业术语。表达要流畅通顺。

2. 做好陈述幻灯片

幻灯片要简洁鲜明，可视性强、效果好。

（二）展示方法

展示要在规定的时间内完成，超时或时间没有用足都是不完美、不自信的表现。因此，在陈述控制上要遵守时间规定。幻灯片张数也不能过多或过少，一般可制作10～15张简洁鲜明、有特色的幻灯片，包括：

1. 公司概况

用一张幻灯片来说明企业概况和目标市场。

2. 商业机会

尚待解决的问题和未满足的需求，用2～3张幻灯片说明。

3. 解决方式

企业将如何解决问题或满足需求，用1~2张幻灯片解释。

4. 管理团队

用1~2张幻灯片简要介绍主要管理者的资格和优势。

5. 产业、目标市场

用1~2张幻灯片介绍企业即将进入的行业、目标市场。

6. 竞争环境

用1~2张幻灯片简要介绍直接、间接的竞争者，并详细介绍企业如何与目标市场中的现有企业竞争。

7. 知识产权

用1张幻灯片介绍企业已有的或是待批的知识产权。

8. 财务状况

简要陈述企业的财务问题，强调企业何时能够盈利、所需的资本及现金流持平的时间，用2~3张幻灯片说明。

9. 需求、回购和退出战略

用1张幻灯片说明需要的资金数目及设想的退出战略。

总之，展示要抓住重点，不过分追求全面，要针对阅读者尤其是投资者感兴趣的问题做出介绍、解释、说明和强调。

第二节　创业风险

一、创业风险概述

（一）创业风险的概念

1. 风险与创业风险

一提起风险，很多人马上将其与失败、亏损联系在一起。其实，这是不全面甚至是错误的看法。一般从两个角度理解风险,一个角度强调风险表现为结果的不确定性,另一个角度则强调风险表现为损失的不确定性。前者属于广义上的风险,说明未来利润多寡的不确定性,可能是获利(正利润)、损失(负利润)或者无获利也无损失(零利润);后者属于狭义上的风险,只能表现为损失,没有获利的可能性。

中文"风险"一词源于远古的渔民。渔民出海前都要祈求自己出海时能够风平浪静、满载而归。现代意义上的"风险"一词,已经大大超越了"遇到危险"的狭窄含义。无论如何定义"风险",其基本的核心含义都是"未来结果的不确定性或损失"。如果采取适当的措施使破坏或损失不会出现,或者说通过智慧的认知、理性的判断,继而采取及时有效的防范措施,那么风险可能带来机会,由此进一步延伸的意义,不仅是规避了风险,可能还会带来比例不等的收益。有时,风险越大,回报越高、机会越大。因此,如何判断风险、选择风险、规避风险继而运用风险,从风险中寻求机会创造收益,意义更加深远而重大。

创业风险是指企业在创业过程中存在的各种风险。由于创业环境的不确定性,创业机会与创业企业的复杂性,创业者、创业团队与创业投资者的能力和实力的有限性而导致创业活动结果的不确定性,就是创业风险。

2. 创业风险的共同特征

创业风险种类繁多,贯穿并交织于整个创业过程,但是这些风险具有以下共同的特征。

(1)客观性

创业本身就是一个识别风险和应对风险的过程,风险的出现是不以人的意志为转移的,所以,创业风险的存在是客观的。

(2)不确定性

由于创业所依赖和受影响的因素具有不确定性,这些因素是不断变化、不断发展的,甚至是难以预料的,因此,创业风险具有不确定性。

(3)双重性

创业有成功和失败两种可能性,创业风险具有盈利和亏损的双重性。

（4）可变性

随着创业影响因素的变化，创业风险的大小、性质和程度也会发生变化。

（5）可识别性

根据创业风险的特征和性质，创业风险是可以被识别和划分的。

（6）相关性

创业风险与创业者的行为紧密相连，对于同一风险，采取不同的对策将会出现不同的结果。

（二）创业风险的类别

1. 按产生的原因划分

按产生的原因，创业风险可分为主观创业风险和客观创业风险。

（1）主观创业风险

主观创业风险指在创业阶段由于创业者的身体与心理素质等主观方面的因素导致创业失败的可能性。

（2）客观创业风险

客观创业风险指在创业阶段由于客观因素导致创业失败的可能性，如市场变动、政策变化、竞争对手出现、创业资金缺乏等。

2. 按产生风险的因素划分

按产生的内容，创业风险可分为技术风险、市场风险、政治风险、管理风险、生产风险和经济风险。

（1）技术风险

技术风险指由于技术方面的因素及其变化的不确定性而导致创业失败的可能性。

（2）市场风险

市场风险指由于市场情况的不确定性而导致创业者或创业企业产生损失的可能性。

（3）政治风险

政治风险指由于战争、国际关系变化或有关国家政权更迭、政策改变而导致创业者或创业企业蒙受损失的可能性。

（4）管理风险

管理风险指因创业企业管理不善而产生的风险。

（5）生产风险

生产风险指创业企业提供的产品或服务从小批试制到大批生产这一过程中产生的风险。

（6）经济风险

经济风险指由于宏观经济环境发生大幅度波动或调整而使创业者或创业企业蒙受损失的风险。

3. 按对资金的影响程度划分

按对所投入资金即创业投资的影响程度，创业风险可分为安全性风险、收益性风险和流动性风险。创业投资的投资方包括专业投资者和投入自身财产的创业者。

（1）安全性风险

安全性风险指从创业投资的安全性角度看，不仅预期实际收益有损失的可能，而且专业投资者与创业者自身投入的其他财产也可能蒙受损失，即投资方财产的安全存在危险。

（2）收益性风险

收益性风险指创业投资的投资方的资本和其他财产不会蒙受损失，但预期实际收益有损失的可能性。

（3）流动性风险

流动性风险指投资方的资本、其他财产以及预期实际收益不会蒙受损失，但资金有可能不能按期转移或支付，造成资金运营停滞，从而使投资方蒙受损失的风险。

4. 按创业过程划分

按创业过程，创业风险可分为识别与评估机会风险、准备与撰写创业计划书风险、确定并获取创业资源风险和新创企业管理风险。

创业活动须经历一定的过程，一般而言，可将创业过程分为四个阶段：识别与评估机会；准备与撰写创业计划；确定并获取创业资源；新创企业管理。

（1）识别与评估机会风险

识别与评估机会风险指在机会的识别与评估过程中，由于各种主客观因素，如信息获取量不足、把握不准确或推理偏误等使创业一开始就面临方向错误的风险。另外，由于创业而放弃了原有的职业所面临的机会成本风险，也是该阶段存在的风险之一。

（2）准备与撰写创业计划书风险

准备与撰写创业计划风险指创业计划书的准备与撰写过程中产生的风险。创业计划书往往是创业投资者决定是否投资的依据，因此，创业计划书是否合适将对具体的创业产生影响。创业计划书制定过程中各种不确定性因素与制定者自身能力的限制，也会给创业活动带来风险。

（3）确定并获取创业资源风险

确定并获取创业资源风险指由于存在资源缺口，无法获得所需的关键资源，或者即使可获得，但获得的成本较高，从而给创业活动带来一定的风险。

（4）新创企业管理风险

新创企业管理风险主要包括管理方式，企业文化的选取与创建，发展战略的制定，组织，技术，营销等方面管理中存在的风险。

5. 按创业与市场和技术的关系划分

按创业与市场和技术的关系，创业风险可分为改良型风险、杠杆型风险、跨越型风险和激进型风险。

（1）改良型风险

改良型风险指利用现有的市场、现有的技术进行创业所存在的风险。这种创业风险最低，经济回报有限，即风险虽低，但要想生存和发展，获取较高的经济回报也比较困难，一方面会遭遇已有市场竞争者的排斥或进入壁垒的限制，另一方面即便进入，想要占有一定的市场份额也非常困难。

（2）杠杆型风险

杠杆型风险指利用新的市场、现有的技术进行创业所存在的风险。该风险稍高，对一个全球性公司来说，这种风险往往是地理上的，常见于挖掘未开辟的市场，如彩电行业利用原有技术进入农村市场。

（3）跨越型风险

跨越型风险指利用现有的市场、新的技术进行创业所存在的风险。该风险稍高，主要体现在创新技术的应用方面，往往反映了技术的替代，是一种较常见的情况。常见于企业的二次创业，领先者可获得一定的竞争优势，但模仿者很快就会跟上。

（4）激进型风险

激进型风险指利用新的市场、新的技术进行创业所存在的风险。该风险最高，如果市场很大，可能会带来巨大的机会。对于第一个行动者而言，其优势在于竞争风险较低，但是知识产权保护力度很弱，市场需求不确定，确定产品性能有很高的风险。

6.按创业中技术因素、市场因素与管理因素的关系划分

按创业中技术因素、市场因素与管理因素的关系，创业风险可分为技术风险、市场风险和管理风险。

（1）技术风险

技术风险指由于技术方面的因素及其变化的不确定性而导致创业失败的可能性。

（2）市场风险

市场风险指由于市场情况的不确定性导致创业者或者创业企业蒙受损失的可能性。

（3）管理风险

管理风险指高级经营管理人才、组织结构以及生产管理等适应创业的快速增长或战胜创业企业危机的动态不确定性因素的风险。

这三类风险相互作用，使创业企业运作中各个层面上的诸多因素的不确定性更加复杂，并且在创业企业的不同发展阶段，各因素的风险性质将会产生一定的变化。

（三）创业风险的识别

创业风险是创业过程中不可避免的现象，直面风险并进行化解是创业过程中的重要任务。

风险识别是应对一切风险的基础,只有识别了风险才可能有化解的机会。同时,风险也是一种机会,应该提高它的积极作用。

创业风险的识别是创业者依据企业活动,对创业企业面临的现实及潜在风险运用各种方法加以判断、归类并鉴定风险性质的过程。创业者必须掌握风险识别的能力,并不断提高这种能力。

1. 树立风险识别的基本理念

作为创业者,应该树立正确识别企业风险的基本理念,主要应具备以下意识。

(1)有备无患的意识

创业风险的出现是正常的,带来一些损失也是正常的,既不能怨天尤人,也不能轻敌。关键是要密切监视风险,减少损失,化解不利因素,甚至将风险转化为盈利的机会。

(2)识别风险的能力

发现和识别风险是为了防范和控制风险。如果创业者在企业发生损失之前就能够识别风险发生的可能性,那么这个风险是可能被管理的。因此,风险识别是进行风险管理的基点。

(3)未雨绸缪的观念

创业者需要通过创业活动的迹象、信息对创业风险进行归类,明确风险产生的原因和条件。不仅要识别风险的性质及可能产生的后果,更重要的(也是最困难的)是识别创业过程中各种潜在的风险,为采取有效措施提供依据。

(4)持之以恒的思想

由于创业风险伴随着整个创业过程,并且风险具有可变性和相关性,所以创业者必须要有打"持久战"的准备。风险的识别工作应该连续地、系统地进行,并成为企业的一项持续性、制度化的工作。

(5)实事求是的精神

虽然风险识别是一个主观过程,但是必须遵循客观规律,风险识别是一项复杂而细致的工作,要按特定的程序、步骤,选用适当的方法逐层次地分析各种现象,并对企业作出实事求是的评估。

2. 掌握风险识别的基本途径

创业风险的识别途径，重点从风险的来源入手，即从自然因素和人为因素两个方面考虑风险。

（1）自然因素

例如，地震多发区、台风多发区和炎热地区。这与企业的选址、项目有密切关系。对许多行业来说，必须注意影响原材料供应的矿产、能源、农产品及交通等问题。

（2）人为因素

主要应了解一个国家或地区的政治及经济制度、法律政策、民情民俗以及企业周边的营运环境等。

3. 了解风险识别的方法和步骤

在识别风险之后，就必须进行风险评估，这需要一定的专业知识，必须根据不同的风险性质与条件，按照一定途径，运用一定方法，或者借助一定工具来实施。

（1）基本方法

一般而言，风险识别的方法包括：信息源调查法、数据对照法、资产损失分析法、环境扫描法、风险树分析法、情景分析法、风险清单法。

有能力的企业也可以自行设计识别风险的方法，例如专家调查法、流程图分析法、财务报表分析法、SWOT分析法等。

（2）实施步骤

①信息收集。首先，通过调查、询问、现场考查等途径获得信息；其次，通过敏锐的观察和科学的分析对各类数据及现象进行处理。

②风险识别。根据信息分析结果，确定风险或潜在风险的范围。

③重点评估。根据量化结果，运用定量分析、定性分析、假设、模拟等方法，进行风险影响评估，预计可能发生的后果，提出可供选择的方案。

④拟订计划。提出化解风险的方法和行动方案。

（3）实施中要注意的问题

①信息收集要全面。收集信息可以通过两种途径，一是内部积累或者专人

负责；二是借助外部专业机构的力量。后者可获得足够多的信息资料，有助于较全面、较好地识别面临的潜在风险。

②因素罗列要全面。根据企业在运营过程中可能遇到的风险，逐步找出一级风险因素，然后进行细化，延伸到二级风险因素，再延伸到三级风险因素。例如，管理风险属于一级风险因素，管理者素质属于二级风险因素等。

③最终分析要进行综合。既要进行定性分析，也要进行定量分析。

二、各阶段的风险与防范

（一）创业前期的主要风险与防范

创业前期是指计划创业到创业初期的这个阶段。万事开头难，对第一次创业的人来说，任何低估创业风险的行为都可能使创业计划和事业夭折在摇篮中。创业前期的主要风险包括以下几种。

1. 临渊羡鱼

在今天的中国，盈利十几万元甚至几十万元的故事似乎随时都在上演。不过，对那些没有大额资金当本钱的人来说，这一切似乎仍然十分遥远。

没有大额资金当本钱就难以致富了吗？答案显然是否定的。没有资金，靠着好想法一样可以圆自己的致富梦。更何况，一出生就拥有财富的人毕竟是少数，临渊羡鱼，不如退而结网，放弃一夜致富这种不切实际的幻想，脚踏实地地掘好人生第一桶金才是正道。事实上，即使是如今做大生意的老板，往往也是从小生意开始做起的。所以说，拥有敏锐的商业头脑才是创业成功的关键。

2. 无米之炊

创业需要资源，这是常识。创业资源包括人才、资金、市场等。

错误估计市场使很多初创企业面临巨大的风险，如果一个企业的主打产品没有足够的市场，其失败是必然的。

缺少资金也使很多创业者遭受挫折，事实上，只有企业在经营到一定程度以后，才会有资金回流。所以创业者必须充分估计资金的需求量，而且一定要有相当的资金余地，并努力降低创业成本。

风险也意味着机会，例如，浙商大都出身寒微，起初也是一穷二白，"无资金、无技术、无市场",但最终"草根"成林。浙江曾是人均资源综合指数居全国倒数第三的"资源小省",但现在却成了中国最大的"内资"(主要是民间资金)输出省份。市场上流传一句话:哪里有市场,哪里就有浙商。也有人说:哪里有浙商,哪里就有市场。这说明,作为一个创业者不仅要善于追逐市场,还要善于创造市场。

3. 匹夫之勇

创业同其他经济活动一样,其本质是以最小的费用取得最大的效益。创业不仅涉及技术,还涉及天时、地利、人和等诸多因素,尤其是在变幻莫测的市场中。在日趋激烈的市场竞争中,用心、斗智、出奇、弄巧以达到经济目的日趋流行。现代的商人和企业家要有战将的谋略,任何一位出色的企业家都应当是通晓经济竞争技巧的人物。

创业不是凭匹夫之勇就可以成功的,需要更精明的头脑和更可靠的方案,需要更长远的眼光和更可行的方法。如果没有这些,创业就很难成功。

如今的社会是人才化的社会、信息化的社会,体制趋于成熟,消费趋于理性。单纯凭借一技之长、拥有一点经济实力和一个好的项目就能在业界独占鳌头的时代已经成为历史。

4. 自暴自弃

大部分创业者在创业过程中都会遇到大大小小的挫折,真正一帆风顺的创业者微乎其微。在失败和挫折面前,采取积极的态度还是消极的态度直接决定了创业者未来的命运。向挫折和失败投降的人,永远失去了成功的可能性;而采取乐观的态度对一个创业者和企业来说是至关重要的,跌倒了,就重新站起来。

5. 计划不明

机遇从来都是垂青有明确目标的人,同样地,失败也很少放过那些没有明确目标的人。创业的道路上充满荆棘和艰辛,创业者不能只有满腔热情和雄心壮志,还需要明确的目标和实现这些目标的周详计划。

计划不明,意味着行动是盲目的。如果一个盲目的人成功了,只能说是歪打正着,是一种偶然的幸运,而绝不能作为成功的经验奉行。计划是创业过程中具有指导性、方向性的东西，计划如果是错误的，或者是不明确的，尤其是关键的地方、关键的步骤不明确，那么失败是不可避免的。

6. 仓促上阵

选择自主创业的人越来越多，但其中也有相当一部分人创业未能成功。在创业的时候，一定要谨慎投资而不能仓促上阵。

（二）创业中期的主要风险与防范

1. 朝三暮四

进行创业，一定要坚持不懈，绝不可朝三暮四、见异思迁。例如，做大还是做强，这是每一个创业者都会遇到的两难问题。刚开始经商或者创业的时候，并不一定要做大，但是一定要做强，而做强就需要专心做一件事情，不要盲目地做一些看起来似乎有发展前景的项目，从而分散精力、废弃主业，这样的结果往往是主业无法做强，即使做大也只是一个空壳子。在创业阶段，要使企业发展，要把生意做大，必须安心做好一件事情。每一个行业都有强劲的对手，都面临激烈的竞争，如果不抓好自己的主业，盲目涉足一个自己不熟悉的领域，势必会分散精力、资金，不但新的行业难以有所建树，而且主业也难以做好。

计划创业的人应该耐得住寂寞，守得住目标。企业发展最重要的是明确企业自我定位。在创业的道路上，往往有很多诱惑。当遇到一项新的投资时，安心做自己的事情，才会把这件事情做好，如果放弃自己的事情，去做新项目的投资，很可能会失败。

2. 急功近利

每一个创业者都想成为成功的人、优秀的人，只不过在众多诱惑之下，有些创业者失去了耐性。成功是讲究储备的，储备的东西越充足，成功的机会就越多，也越容易走得更远。成功的路是遥远与艰辛的，但路的尽头又有无限的憧憬。

人生的成功之路更像一场马拉松赛跑，前100米领先者不一定成为全程的优秀者，甚至有可能跑不完全程。在这遥远的征途上，基础的积累将会起到决定性的作用。如果先天不足又已然踏上征程，那就更要格外注意随时给自己补充营养。

3. 单打独斗

俗话说,"一个好汉三个帮",在现代社会,人与人之间的联系是非常紧密的,一个创业者需要和客户打交道,和政府部门打交道,和合作伙伴打交道。一个不与别人联系的人是不可能创业成功的。

此外,创业的时候最好要有良好的合作伙伴,一个人创业相对较难。一个人不能无所不能,需要同伴们集思广益,避免盲目的举动,以及在遇到挫折时互相鼓励。最重要的一点是,创业过程中可能会遇到难以承受的低谷,当有多个创始伙伴时,彼此信念上的支撑就好比捆成一捆的箭,每个人都暗暗给自己打气:"我绝不能让我的朋友们失望。"这是一个人强大的动力之一,而单一的创始人则缺少这一动力。

4. 争权夺利

创业伙伴之间发生争吵比较普遍。如果创业者能够更加谨慎地选择创业伙伴,那么大多数争吵都可以避免。多数的争吵并不是因事而起,而是因人而起。大多数因为争吵而离开的创始人,可能从一开始就信心不足,只不过被掩饰起来了。不要掩饰疑虑,在公司成立前解决问题要容易许多。所以,不要因为担心疏远同伴而拉他入伙,也不要因为某人有某种用得上的技能就和他一起开公司,而不管你是否喜欢他。对于一个初创公司,最重要的因素就是人,不要在这方面将就。

5. 固执己见

创业者要有自己的主见,但并不意味着固执己见。世事变化无穷,人的能力有限,不可能做的所有的事都正确。创业更像是从事科学研究,应该遵循自然规律而不是主观臆断。作为一个创业者,一旦发现别人是对的,自己是错的,就应该自我反省。

(三)创业后期的主要风险与防范

一般来说,创业者把创业构想变成现实,并使企业开始盈利或具备盈利前景的时候,就可以说创业获得了成功。俗话说,创业容易守业难,创业成功后,创业者和企业仍然面临各种各样的风险,有的风险甚至会导致创业功败垂成。

创业成功以后,无论创业者选择让渡所有权或经营权,还是继续发展和开拓事业，保留企业的所有者和经营者的双重身份，企业都要经历一个休整期，这是不可逾越的阶段，在这个阶段，许多风险会迎面而来，如果不及时化解，就会直接影响企业的继续生存和发展。

1. 盲目冒进

盲目冒进是很多创业企业或者创业者在创业后期容易出现的问题，也是创业的潜在风险。盲目冒进就是不顾具体条件与实际情况，盲目加快工作，这类现象在当今创业企业和创业者中经常出现。对自己的情况不能准确把握，经常对自我的条件进行过高评价，最终会以失败告终。

当企业初具规模、小有成就时，许多企业容易被自己营造的区域性知名度冲昏头脑，趁着手里积累的储蓄，不顾实际发展需要，盲目开拓超越自身实力的大市场。此时，如稍有意外，就可能产生巨大的损失，最终导致前期所有的努力功亏一篑。

2. 心理失衡

创业的人要保持良好的心态，因为思想决定行动，心态不对，行动就容易出现错误，最后毁人毁己。但是创业者要保持良好的心态不容易，尤其是在涉及利益格局和利益分配的时候。中国有句古话，"富不过三代"，但如今有不少靠创业致富的人，在短短几年里就失去了辛苦积累的财富，这究竟是什么原因？

通过分析部分创业者失败的原因，发现其中有许多共同的地方，那就是创业成功以后心理失衡。

3. 义气过剩

所谓义气就是甘于承担风险或牺牲自己利益的气概。历史上对于讲义气等英雄行为，给予了热情的赞扬。朋友间的友谊也是同讲义气紧密联系的。

但是，真正的友谊和义气有本质的区别。哥们义气是一种基于无知和盲从的冲动，也是一种非理智的行为，创业者如果盲目讲义气，可能会给企业带来危机甚至灭顶之灾。

4. 坐享其成

有的创业者在创业成功以后，失去了创业初期的进取心和创新精神，骄傲自满，不思进取，没有进一步巩固成果并开拓新领域，或者采取一些消极、拙劣的手法维持现状。这主要表现在以下三个方面：

（1）故步自封

创业者所处的原有行业由于某些原因正逐渐没落，需要创业者去开拓陌生的、具有潜力的领域，但是由于对市场、渠道、消费者的情况所知甚少，创业者需要重新了解、学习和实践，才能把握好新的市场。如果创业者对新行业没有兴趣，就会在实际经营中产生消极心理，最终导致失败。

（2）照搬照抄

有些创业者创业成功后，一时找不到新的投资项目，于是他们跟从其他利润丰厚的企业，照搬照抄。但是他们所见所闻都是其他企业的表面功夫，自己的内部管理和经营理念等深层次经营要素跟不上，所以别人成功了，自己却失败了。

（3）臆断前景

一般来说，创业前需要对行业、市场的前景进行预测和推算。但是有些企业很多的预测是根据竞争对手的现状来完成的，没有科学的依据。

5. 挥霍浪费

在创业初期，大多数创业者能注意控制成本，节约开支，艰苦奋斗。但是在创业获得初步成功后，创业者手里掌握了越来越多的资金和资源，放松了"过苦日子"的意识，再加上管理上可能出现混乱，虽然企业的业务规模在不断增长，可利润却有所下降，这其实就是不注意控制成本和费用造成的。

6. 缺乏创新

创新包括产品创新、技术创新和制度创新。缺乏创新而只会模仿自己或别人过去成功的经验，是很多创业者的弱点。

有的创业者急功近利，只顾追求市场份额和产量，不主动要求创新，管理工作流于形式，长期没有创新成果。这种只顾眼前利益而放松管理的做法最终导致技术放松，技术创新能力慢慢衰竭，无法形成核心竞争力。

有的创业者的创新尚处于浅层次，在创新观念上还存在"走老路稳当"的误区。在这样一种发展态势下，企业不可能开拓新市场和取得超额利润，企业只有产出的高效率而没有增长的高效益。

7. 管理危机

成功管理的关键不在于排除所有的问题,而在于把注意力集中到企业当前阶段所存在的主要问题上,这样企业才能成长、成熟并壮大,进入下一阶段。创业成功后,企业面临的主要管理问题是管理危机问题,具体表现为以下六点:

(1) 创业者疲于奔命,顾此失彼

创业成功后,人员增多,业务繁忙,企业面临的问题越来越复杂。然而,创业者习惯于发号施令,事必躬亲,唱独角戏;员工也习惯于接受命令,对创业者有依赖心理,从而导致创业者日常事务过多,工作量剧增。不可避免的结果便是创业者感到力不从心,不堪重负,但又没有抓住工作重点。

(2) 决策得不到有效执行,管理开始失控

创业成功后,企业开始有现金流入或者盈利,招聘、迁址、购置新设备、培训等工作展开,创业者忙得不亦乐乎,于是管理费用急剧上升。企业经营的范围和地域也会扩大,管理开始变得复杂起来,问题也多了起来。创业者一如创业过程中那样果断,员工也依然贯彻执行决策,但是,创业者无法一一监督、评估决策的执行,企业也缺乏相应的机制与政策,因此,决策执行的效果大打折扣。

(3) 企业利润徘徊不前

创业可能更多地缘于创业者对市场机会的前瞻,企业所从事的业务具有独创性或某种竞争优势。创业成功后,会有许多跟进者进入市场,企业的优势会逐渐减弱,竞争压力增大,业绩增长率随之下降。另外,企业越是成功,创业者越是感到志得意满,有时甚至觉得无所不能,扩大经营和多元化发展便在所难免。由于业务太多和对新业务不甚了解,创业者难免会出现失误,从而使企业的利润有所减少。

(4) 老员工缺乏继续创新的动力

创业成功后,老员工容易陶醉于曾经取得的成功,喜欢向他人讲述传奇式的创业历程。创业者考虑的是企业的未来,而老员工考虑的是创业者应该如何奖赏、如何分配胜利成果,考虑的是如何在企业中保持相应的权力与地位。老员工不愿继续艰苦奋斗,安于现状。于是,小富即安的思想在企业蔓延,甚至会影响创业者本人。这样,企业很容易失去继续创新的动力。

（5）新老员工出现矛盾冲突

有些初创企业中，新员工会说，"我原来那家企业如何如何"，老员工会说，"我们原来怎样怎样"。对于新员工而言，所有事情都会让他困惑不解，没有明文规定，规章制度被束之高阁，薪酬制度是由不同的特例组成的大杂烩，企业行为就是创业者个性的写照。老员工讨论的是过去的"好时光"，说话办事都有一套规矩。由于企业没有什么成文的政策，那些资历较深的员工就是企业的"活档案"，一旦他们离职，企业立刻就会陷入混乱状态。另外，创业者尊重这些曾经追随自己的老员工。因此，老员工在企业里有极高的权威，而新招聘的员工考虑的是如何发挥自己的能力，如何证明自我。于是，新员工成了挑战老员工的对立面。

（6）创业者的家庭压力开始增大

作为坚实的后盾，家人在创业者的创业过程中做出了无私的奉献，他们希望创业者能够取得成功。创业成功后，配偶希望创业者能更多地关心家庭，儿女希望创业者能够尽到作为父亲或母亲的责任，而创业者比以前更忙更累，无暇顾及家庭，家庭压力开始增大，尤其是有家庭的女性创业者。

如果说创业过程中企业是根据危机进行管理的，那么创业成功后则是管理造成了危机。创业者应该认真避免和解决创业成功后企业的管理危机问题。

第六章 创新创业商业模式与创办新企业实践

第一节 创新创业的商业模式

一、商业模式的概念

"商业模式"这个概念最早出现在20世纪50年代,当时并没有很多人那么清晰地认识到商业模式的重要性。经历了40年,到了20世纪90年代,有关商业模式的理论才得以迅速发展和传播。更多的企业家认识到商业模式的重要性,纷纷对商业模式进行探索,努力寻找适应本企业发展的商业模式,利用商业模式来保持自身的创新和变革的能力,不断提高市场竞争力。

从狭义的角度看,商业模式就是为了使一个完整的产品、一个全面的服务体系,以及在这些领域的参与者都发挥作用,并且使企业能够在作用下得到所获得的相应利益。通俗易懂的语言描述就是,人们愿意花费时间和精力去研究商业模式,因为那样可以赚钱。正如著名的管理学之父彼得·德鲁克所说:"当今企业之间的竞争,不是产品之间的竞争,而是商业模式之间的竞争。"

从广义的角度看,商业模式就是指在从事各种经营活动的方式、方法中,通过市场的调查、资源的整合、产品的分析等,综合利用专业的知识、丰富的经验,使市场概念、服务概念、运作概念、商业概念更好结合,以此达到企业利益的最大化。

商业模式是企业的核心结构，它类似于一架飞机的构造：不同种类的飞机，如战斗机的发动机、机舱、机板等的结构和配置不同，使得整个战机的性能不同。而管理模式类似于战机的最高长官，既要分配好内部人员的工作，也要制订相应的制度，从而提高内部人员的战斗力。从这个角度看，商业模式是优先于管理模式的，管理模式要在商业模式的基础上制订组织结构。

战略战术问题是一个企业必须考虑的因素，这就相当于一架飞机，战略在于设计和开发飞机的外观、功能和种类等，而战术在于如何驾驶飞机，使飞机能够平稳飞行，战略与战术需要有机结合；而商业模式就是飞机本身，二者是相互结合的，是不可分割的整体。运用到企业中，战略战术就是为企业出谋划策，与企业本身的商业模式相结合，保证企业健康发展。

二、商业模式的构成

商业模式作为企业的核心和灵魂，是企业的总体框架，它可以实现产品开发的价值，提高企业的管理水平，帮助企业实现顾客和自身的价值。商业模式的构成包括客户价值主张、赢利模式、关键资源、关键流程。

（一）客户价值主张

客户价值主张是指企业为目标顾客所开发的系列产品或服务。凡是成功的公司都能够找到某种为客户创造价值的方法，即帮助客户完成某项重要工作的方法。主要的问题在于：我们应该向顾客提供什么样的服务？我们正要帮助顾客解决什么样的难题？我们正需要满足顾客什么样的需求？我们正在为顾客提供什么样的价值或是产品？

价值主张的要素包括：创新，提供创新开发的产品满足顾客需求；功能，完善产品的属性和性能；私人化、定制化的产品，从而创造价值；开发，开发设计优秀的产品获得价值；成本降低，削减产品成本，帮助顾客创造价值；便携性，提高产品的方便性，使产品更加容易到达顾客手中；风险规避，控制风险，降低风险带来的损耗，从而创造价值。

（二）赢利模式

赢利模式是对公司如何既为客户提供价值又为自己创造价值的详细计划，它包括以下构成要素。

1. 收入来源

收入来源是指每一个顾客所获取的收入，主要在于解决以下问题：怎样让顾客愿意付费？顾客会为什么产品付费？顾客是如何付费的？

一般来说，收入来源分为以下几种：资产销售，销售实体的产品；使用销售，通过使用产品或价值收费；租赁费用，通过租赁使用权获利；授权收费，产权授予的费用；广告费用，提供广告宣传所得到的费用；其他费用。

2. 成本结构

成本结构主要包括直接成本、间接成本、规模效益。成本结构主要取决于搭建商业模式所需要的关键资源的成本。

3. 利润模式

利润模式指在已知预期数量和成本结构的情况下，为实现预期利润所要求每笔交易贡献的收益。

4. 利用资源的速度

利用资源的速度指为了实现预期营业收入和利润而需要的库存周转率、固定资产及其他资产的周转率，并且要从总体上考虑该如何利用好资源。

（三）关键资源

关键资源是指企业在目标客户群体传递价值主张时需要应用的资源，即企业在处理价值主张、渠道途径、顾客关系、收入来源时需要什么样的核心资源。企业的关键资源分为实体资产、知识资产、人力资源和金融资产。这里需关注的是那些可以为客户和公司创造价值的关键要素，以及这些要素间的相互作用方式（每个公司都有一般资源，但这些资源无法创造出差异化的竞争优势）。

（四）关键流程

成功企业都有一系列的运营流程和管理流程，以确保其价值传递方式具备可重复性和扩展性，这些流程包括培训、产品研发、生产、预算、规划、销售和服务等日常周期性工作。此外,关键流程还包括公司的规则、绩效指标和规范等。

上述四个要素是每个企业的构成要素。客户价值主张和赢利模式分别明确了客户价值和公司价值,关键资源和关键流程则描述了如何实现客户价值和公司价值。这四个要素之间有复杂的互依关系,其中任何一个发生重大变化,都会对其他部分和整体产生影响。成功企业都会设立一个相对稳定的体系,将这些要素以持续一致、互为补充的方式联系在一起。

三、商业模式的作用

(一)选对商业模式可以增强有关投资者的信心和热情

企业的运转除了依靠自身的资金支持外,还依靠外来投资者的支持,如果企业可以更多地吸引外来投资者的资金、技术、资源等支持,企业将节省一部分的人力、财力和物力,也将会有更多的资源投入企业的生产中;好的商业模式是企业成功的一个关键因素,它可以指导企业更好发展,甚至会吸引更多投资者的兴趣,当外来投资者看到某企业好的商业模式时,就会愿意投入成本支持企业发展,周而复始,最终实现"双赢"。

(二)适合企业的商业模式可以明确企业发展规划和目标

商业模式从企业的内外部环境为企业确定发展战略,能够形成一个整体的价值结构,利用企业的资源,根据企业所处的地位以及文化环境,综合分析竞争对手的情况选择正确的方式方法。同时,正确的商业模式也可以给企业的管理者确定更好的目标并使其为之奋斗,由管理者带领企业团队不断地规划并实施,进行创新性思考,突破过去的经营模式,顺应大数据的要求,使商业模式更具有导向性。

(三)高效的商业模式可以为企业提供多渠道的融资方式

任何一个企业的运转都离不开资金的支持,无论企业处于成长期还是成熟期,资金都在企业中具有非常重要的地位。正常的资金供应能保障企业的正常运作,资金的缺乏将会影响企业的发展,由此可以看出,融资能力的高低是影响企业生存与发展的关键因素之一。另外,从一些成功企业的发展历程来看,不管企业表面的成功因素是什么，都避免不了承认资金的重要性。当然，正常的资金流背后必是企业成功商业模式的引导，可以说，能够快速融资的原因之一是：成功的企业商业模式。

（四）恰当的商业模式可以提高企业的运作效率

提高企业的生产、管理效率是每个企业都追求的目标，因为那样既可以节约成本，又可以提高效率。高效率的运作，需要企业拥有完整、科学的管理体系，以及系统的员工激励政策，解决企业在生产、管理中遇到的问题和员工积极性的问题，努力实现员工的团结合作、积极共享劳动成果，这样才能更好、更快地提升企业工作效率。

四、构建商业模式的原则

（一）顾客满意最大化原则

一种商业模式的根本出发点在于满足顾客需求，实现顾客利益最大化，这与企业是否盈利有必然的联系。如果企业的商业模式能够满足顾客的需求，那么在一定程度上企业的盈利水平将会大幅提高，反之，企业的盈利模式将会受到新的考验和挑战。

（二）高效性原则

任何一个企业都需要高效率的整合和协调。一个好的商业模式需要将企业的资金、资源等有效结合起来，并对这些资源加以协调控制和管理，使之发挥出巨大的优势作用。另外，在一个企业内部，高效性主要体现为管理制度上的高效率，建立科学的管理制度和系统，更好地带动企业内部员工的积极主动性，从而更好、更快地实现企业的使命和目标。

（三）创新开发原则

在技术、内部制度、盈利模式等方面都需要企业进行不断地探索和研究，通过创新手段可以赋予企业更多的生命力。创新贯穿企业从生产到销售的各个环节，可以说，创新决定了企业的成败。在开发商业模式过程中，必须重视创新发挥的作用。

（四）规避风险原则

在开发的商业模式过程中，避免不了风险，包括产品开发、制度的改变、政府政策变化、市场行业等风险，都需要企业能够及时控制，并采取方法规避风险，寻求解决办法。

创业机会是一种可能的未来盈利的机会，这一机会需要人为地发现，需要有实体企业或实际的商业行动支持，通过具体的经营措施实现创业机会的价值。其具有广阔的市场空间、较强的时效性和偶然性、一定的均等性和差异性等特征，可以分为技术机会、市场机会等。创业机会主要源于技术变革、社会和人口因素的变化、市场需求状况和产业转移或中外差异等。发现创业机会还不够，更重要的是规避创业过程中的风险。在创业过程中，会遇到大量的创业风险，如市场风险、政策风险、宏观经济风险、自然风险、技术风险、财务风险、生产风险等，其来源可能是资金短缺、研发困难、信息沟通不畅、市场定位不准、管理不规范等方面。创业风险的规避可以通过提高创业者素质、完善管理体系、建立信息传递通道、常常反省与改良等方法来进行。

第二节　创办新企业实践

在当今日益复杂的市场经济形势下，大学生创办一个企业十分容易，但是真正经营好一个企业却相当不易。为了使新创企业进入正常运行状态，顺利进入市场并在市场上站稳脚跟，大学生必须学会如何管理新创企业。在大学生新创企业的管理中，首先应当懂得如何创办企业，其次应当重点抓好新创企业的财务管理、人力资源管理和市场营销管理等方面。本节主要对这几个方面进行探讨。

一、新企业的创办过程

在大学生创业的过程中，创办新企业是一项至关重要的工作。具体来说，在满足创办新企业的条件后，新企业的创办还包括选择企业形式、选择企业地址等内容，这其中每一个环节都非常重要，必须认真对待，否则创业过程中很可能出现各种问题。

（一）创办新企业的条件

1.创办新企业的外部条件

具体来说，创办新企业要满足以下外部条件。

（1）具有有利的创业机会

在创办新企业时，一定要有有利的创业机会，而且创业者要很好地把握住这个机会，否则创业很难取得成功。

（2）具备有利的外部环境

"创业需要适当的制度环境、政策环境、金融环境、市场环境、科技环境、人文环境等。"如果经济制度环境、资本市场、技术支撑、环保制度等都不健全，新创办的企业是很难成功生存下来的。

2.创办新企业的内部条件

一般来说，创办新企业还要满足以下内部条件。

（1）创业者有很强的创业欲望

如果一个创业者没有强烈的"我要做老板"的欲望，那么他在应对创业的挑战、机遇、困难、烦恼时就没有足够的准备，随时可能会逃避问题。

（2）具有能直接创造市场需求的产品

具有能直接创造市场需求的产品是多数创业者创办新企业的最直接动力，但创业者开发的新产品能否直接创造市场需求还需要经过充分的市场分析。

（3）获得了某种特殊权

获得政府授权的某种特许权或者其他企业授予的某种经营特许权，也是创业者创办新企业的另一直接动力，如政府专业技术认证部门对产销计算机网络安全产品的特许等。

(4) 有竞争优势

企业竞争优势体现在"在市场上，一个企业在某些方面比别的企业强一些，从而具有更多的营利机会、更强的营利能力"。企业的竞争优势源于它强于其他企业的核心能力，一个企业在哪一方面有强于其他企业的核心能力，就有可能形成源于该方面的竞争优势。但要注意的是，一个企业只可能在某一方面拥有核心能力，形成竞争优势，如果追求面面俱到，往往会一事无成。

（二）选择企业形式

选择企业形式是创办新企业的第一个环节，如果企业形式选择得不合适，创业就带有盲目性，创业目标也就很难实现。因此，大学生创业者在创办新企业时一定要以自身的实际情况为依据，选择适合自己的企业形式。

1. 企业的形式

通常来说，大学生在创业过程中可以选择的企业形式有个体工商户、个人独资企业、合伙企业、有限责任公司和股份有限公司等，每一种企业形式都有优缺点。

2. 企业形式选择的影响因素

大学生在创业过程中选择企业形式时，应当结合自身的情况，从以下五个因素入手来选择企业形式。

（1）单干还是合作

创业者是要单干还是找合作伙伴一起创业，这关系创业发展的命运。单干与合作各有利弊，大学生创业者要对其有清晰的认识，根据自己的实际情况来选择。

（2）创业资金的多少

作为企业的生命线，资金的多少对企业形式的选择有重要的影响。大学生创业者要根据自己筹备的创业资金的多少来选择企业形式。

（3）创业风险的大小

不同的创业项目有不同的风险，大学生创业者应对自己选择的创业项目进行合理的评估，如果创业风险较小，可以选择承担无限责任的创业形式；如果创业风险较大，则宜选择仅承担有限责任的创业形式。

（4）所选创业项目的行业特点

行业特点对于选择企业形式也会产生影响，例如，针对高新技术行业有相关的税收优惠政策。因此，大学生创业者要根据创业项目的特点来考虑创业项目的组织形式。

（5）是否有利于长远的创业规划

创业形式的选择还受到该创业形式是否有利于长远的创业规划的影响。为了促进企业做大做强，大学生创业者所选择的企业形式应当具有充分的发展空间，有利于吸引新的股东、资金、人才、技术等。在这些方面，个体工商户、个人独资企业等企业形式稍逊于有限合伙企业、有限责任公司、股份有限公司等企业形式。

（三）选择企业地址

选择了企业形式之后，要选择合理的企业地址，这是一项长期投资，具有长期性和稳定性的特点，对创业企业的经济效益和发展前景有重要的影响，甚至在某种程度上可以决定创业企业的经营成败。对于大学生创业者来说，在选择创业企业的地址时要注意考虑以下三方面内容。

1. 位置

在选择创业企业的地址时，大学生创业者要考虑位置因素，这具体包括以下五个方面。

（1）地理环境

在选择创业企业的地址时，大学生创业者要考虑地理环境，包括选址所处位置的繁华程度及选址周围的卫生状况。

（2）交通条件

在选择创业企业的地址时，大学生创业者要考虑交通条件是否便利，包括停车是否方便、货物运输是否方便、从其他地段到这里乘车是否方便等，这一点对创业企业的销售情况有很大影响。

（3）周围设施

周围设施的存在会对创业企业的销售情况有较大影响，因此，在选择创业企业的地址时，大学生创业者要考虑周围设施，比如虽然选址在城区干道旁，但干道两边存在栅栏，则会使生意大受影响。

（4）服务区域的人口情况

在选择创业企业的地址时，大学生创业者要考虑服务区域的人口情况。一般情况下，创业企业位置附近人口越多、越密集越好。

（5）目标顾客所处区域

在选择创业企业的地址时，大学生创业者要针对创业企业的性质，选择拥有最佳目标顾客的位置。

2. 成本

在选择创业企业的地址时，大学生创业者要考虑成本因素。因为地理位置好的区域往往地价、房价都很高，但大学生创业者的创业资本一般来说相对有限，所以，本着节约开支的原则，大学生创业者应该选择合适的经营场所，不能不考虑创业企业的经营特点和承受能力而一味地选择好地段。

3. 环境

在选择创业企业的地址时，大学生创业者还要考虑环境因素。一般情况下，如果自己创办的企业可能会产生废水、废渣、废气等，应考虑当地风向和城市整体规划；如果自己所创办的企业生产噪声大或生产的是易燃、易爆、有毒产品，则应远离城市。

在选择了企业的地址后，大学生创业者要对自己所创立的企业做相应的登记工作，确保自己的企业能够正常运转。所谓企业登记，具体是指企业在设立、变更、终止时，由申请人依法在公司注册登记机关提出申请，主管机关审查无误后予以核准并记载法定登记事项的行为。具体来说，新企业登记主要包括工商登记、税务登记及社会保险登记等，完成了这些企业登记的相关事宜，就标志着新企业正式创办了。

二、大学生新创企业的财务管理

对于一个新创企业来说，资金相当于其流动的血液。创业者要想掌握好企业的命运，获得成功，就必须懂得如何筹集资金以及如何有效地运用资金。这就是说，要学会财务管理。企业财务管理是指有关资金的筹集、投放和分配的管理工作，是以取得最高的回报率的方法筹集资本并管理企业资本的过程。

（一）新创企业财务管理观念

大学生创业者在进行财务管理时，树立正确的财务管理观念是十分必要的。一般来说，以下这些财务管理观念对大学生创业者而言有非常重要的作用。

1. 效益观念

在当今市场经济环境下，对于一个企业来说，取得并不断提高经济效益是最基本的要求。因此，大学生创业者在财务管理方面必须牢固树立效益观念。筹资时，要考虑资金成本；投资时，要考虑投资收益率；在资产管理上，要用活、用足资金；在资本管理上，要保值增值。同时，大学生创业者还要注意合理地追求利润的最大化。这就要加强对企业收入、成本、费用、资金等指标的控制，加强对企业利润的考核。

2. 货币时间价值观念

大学生创业者应当明白货币是有时间价值的，在不同的时间点上，等量的货币会有不同的经济价值。这就是因货币运动的时间差异而形成的价值差异。大学生创业者必须注重这种价值差异在财务决策中的作用。一个项目看似有利可图，但如果考虑货币的时间差异，就很有可能毫无利益可言。因此，大学生创业者应当树立起货币时间价值观念。

3. 现金流量观念

一个企业经营质量的高低往往是通过现金流量来衡量的。一个企业即便有比较好的经营业绩，但如果现金流量出现问题，就会使财务状况逐步恶化，最终很容易导致破产。因此，大学生创业者要形成一定的现金流量观念，注重控制现金流量，加强管理企业的现金收支情况。

4. 知识效益和人才价值观念

目前，人们已经进入了知识经济时代。在这个时代中，经济发展的两大重要资源即知识资源和人力资源。它们是让企业在竞争中获得胜利的关键因素。因此，大学生创业者在财务管理过程中也要注意树立起知识效益和人才价值观念。

5. 财务风险观念

风险是市场经济的必然产物。现代企业财务活动本身的复杂性、客观环境的复杂性和人们认识的局限性，都可能引发企业财务风险。因此，大学生创业者在组织企业的财务活动过程中，要时刻具备财务风险识别和抵御意识。

（二）新创企业财务管理的职能

在新创企业财务管理中，资金运动及其体现的经济关系主要表现为筹资、用资、耗资、分配等方面。这决定了财务管理的基本职能是财务决策、财务计划和财务控制。

1. 财务决策

财务决策是财务管理的核心职能，是指有关资金筹集和使用的决策。具体而言，企业财务人员需要根据财务管理目标的总体要求，通过合法的手段选择最佳资金筹措和使用方案，使企业的经济效益达到最大。财务决策的主要内容包括投资决策、筹资决策和营运资本管理决策。它需要通过财务计划和财务控制为企业经济利益服务。

2. 财务计划

所谓财务计划，就是指财务人员以数量的形式预测企业未来一定时期内的现金流量、经营成果和财务状况。编制科学合理的财务计划能够帮助大学生创业者更好地落实既定决策、合理调节资源配置、明确某一时期内应完成的全部事项。财务计划有短期的，也有长期的，内容主要包括资金需要量计划、成本和费用计划、材料采购计划、生产和销售计划、利润计划、财务收支计划等。

3. 财务控制

所谓财务控制，就是指财务人员通过计划、预算和规划对企业的整个财务活动（如对比计划与执行的信息、评价员工的业绩等）加以控制。它是执行决策和计划的过程。财务控制的方式主要有防护性控制、前馈性控制（预先控制）和反馈性控制（事后控制）。其中，最常用的是反馈性控制。

（三）新创企业财务管理的原则

无论是刚创立的小企业还是已经成长起来的企业，财务管理都应当遵循一定的原则。对于大学生新创企业来说，以下五个原则尤其要重视。

1. 价值最大化原则

对于企业来说，实现价值最大化不仅是财务管理的重要目标，也是财务管理必须遵循的基本原则。在新创企业的财务管理中，财务管理人员应当按照价值最大化这一原则来开展一切财务管理活动，严格控制企业的各项投入与产出、耗费与收入、盈利与亏损，实现对企业资金的高效管理。

2. "成本—效益"原则

新创企业的财务管理要追求价值最大化，就得以最少的成本支出来获取最大的收益。因此，把握好效益和成本之间的关系至关重要。"成本—效益"原则要求大学生创业者在新创企业的财务管理活动中要把讲求效益和节约成本充分结合起来，既要注意"开源"，也要注意"节流"。只知道一味降低成本，或一味盲目追求产值的做法都是不可取的。

3. 资源合理配置原则

新创企业的财务管理要遵循资源合理配置原则，使财力资源得到最合理的优化，最大限度地发挥资源的整合效益。这就需要其做到既防止财力资源供应不足的现象，又避免各个环节出现资源过剩和浪费的现象。

4. 风险与收益均衡原则

任何企业在追求利益的同时，也不可避免地面临诸多风险。尤其是高收益与高风险更是紧密相连。因此，在新创企业的财务管理过程中，应当坚持风险与收益均衡原则。这就需要企业财务管理者提高自己的风险意识，在财务管理活动中既不盲目冒险也不过于保守，在慎重研究和分析各种风险因素的前提下做出正确的财务决策。

5. 利益关系协调原则

新创企业的财务管理活动往往涉及企业各方面的利益。因此，新创企业的财务管理要处理好企业不同利益者之间的利益关系。坚持利益关系协调原则，需要企业的财务管理人员理清企业的财产资源和不同的利益者，同时注意以下两个方面：一是通过建立一定的机制，处理好企业与经营者的财务关系，确保他们的利益一致；二是充分关心企业员工的利益，确保他们的工薪收入及各项相关福利，不能只追求企业利益而完全不顾企业员工的切身利益。

（四）新创企业相关财务报表分析

企业都会编制财务报表反映企业的财务状况和经营成果。对于这些财务报表，财务管理人员应当根据企业实际，运用各种专门的方法，对其进行加工、整理、分析和研究，以得出有用信息，为企业的相关预测和决策提供依据。这里主要介绍资产负债表、现金流量表、利润表，以及对它们的相关分析。

1. 资产负债表

资产负债表也叫财务状况表，是反映企业某一特定日期（通常是各会计期末）的财务状况的会计报表。资产负债表的编制公式为：资产＝负债＋所有者权益。资产负债表分析能够帮助人们了解企业在某一特定日期所拥有或控制的经济资源、所承担的现有义务和所有者对净资产的要求权；也可以评估、揭示企业当前的筹资能力、偿债能力，以及负债与股东权益之间的关系；还可以预测企业未来的财务状况等。

（1）资产负债表的基本构成要素

资产负债表主要由资产、负债与所有者权益三大部分构成。负债的变化与所有者权益的变化引起了企业资源的变化，最终得出资产这一结果。

①资产。它是企业所获得的或所能控制的经济资源。资产以货币计量，主要包括财产、债权和其他权利。资产可以分为有形的和无形的，也可以分为流动的、固定的、长期的、递延的等。在现行财务与会计实务中，确认资产的主要标准和依据是法律观念、资产的价值、业务的实质性、稳健原则。对于资产，应了解以下四个特点：一是资产由过去的交易所获得，这是企业所能利用的经济资源能否列为资产的区分标志之一；二是资产必须能以货币计量；三是资产能为企业所实际控制或拥有；四是资产能直接或间接地给企业带来未来经济利益（现金净流入）。

②负债。负债是企业由于过去的交易或事项所产生的，能以货币计量并且在将来向其他主体提供劳务或转交资产的现有义务。时间、法律观念、资产的价值、业务的实质性、稳健原则是确认负债的主要依据。其中，时间概念对于负债确认来说有很重要的意义。会计期间内，如果没有及时记录某项负债，那么，就很可能遗漏某项费用，从而低估了费用，高估了收益。

③所有者权益。它指企业的资产减去负债后的余额。从财务与会计的角度分析,所有者权益可分为资本公积、实收资本、盈余公积和未分配利润四个部分。资本公积包括企业接受的捐赠资产、资产重估增值、资本汇率折算差额和资本溢价等。实收资本主要是来自各个渠道的投资,既可以是货币形式的,也可以是非货币形式的。盈余公积包括法定盈余公积和公益金两部分。未分配利润是企业净利润被分配之后的余额,它在以后年度可继续进行分配。

(2)资产负债表的格式

企业管理中的资产负债表主要有账户式和报告式两种格式。

在我国,账户式资产负债表是应用最广泛的一种格式。这种资产负债表是左右结构,左边显示资产,右边显示负债及所有者权益,左右两方的合计数应保持平衡。

报告式资产负债表的格式是上下排列,其特点是把资产负债和所有者权益上下排列,即首先列示企业的所有资产,然后列示企业的所有负债,最后列示企业的股东权益。

2. 现金流量表

现金流量表是反映特定日期内企业现金和现金等价物流入和流出的报表。我国现行的会计制度规定,现金流量表一年编制一次。现金流量表以现金为编制基础,现金包括库存现金、存款、现金等价物等。通过分析现金流量表,企业管理者可以进一步明确现金收入、现金支出的构成及现金余额的形成情况,可以清楚地知道企业财务状况的形成过程、变动过程及变动原因,以便及时把握企业发展方向。

(1)现金流量表的结构

现金流量表主表用业务语言来描述企业曾经流入和流出的现金量,描述现金流入、流出的结果,描述增加、减少的现金量。其一般由主表和补充资料两部分组成,因此,现金流量表主表通常采用报告式结构。如果有外币现金流量,主表还应单设"汇率变动对现金的影响"项目。现金流量表补充资料是用职业会计上的专业语言来具体描述现金流量和有关指标之间的关系。

（2）现金流量表的编制方法

企业现金流量表有直接和间接两种编制方法。直接编制法就是以现金流入和流出直接反映企业经营活动的现金流量。这种方法很直观，但工作较为烦琐，而且容易使人误认为经营活动的净现金流量比净利润更能反映企业的经营业绩。间接编制法是以本期净利润为起点，通过调整涉及现金的收入、费用、营业外收支以及经营性应收、应付等项目的增减变动，调整不属于经营活动现金收支项目，并列示经营活动的现金流量。这种方法突出了当期净利润与经营活动现金流量之间的差异，但不能反映经营活动的现金流量的来源和去向。

3. 利润表

利润表也叫收益表、损益表，是反映一定会计期间内企业的经营成果的会计报表。它是一张动态报表。利润表的项目有收入、费用、利润三大类，其关系是：利润＝收入－费用。收入是指在企业的报告期内，因企业的主要或核心营业活动所引起的企业资产流入或增加及负债的清偿。费用则是指企业的报告期内，因企业主要或核心的营业活动所引起的资产耗用或流出及负债的增加。通过分析利润表，企业管理者可以清晰地了解企业的收益和支出情况，了解哪些业务超出预算，哪些因素造成计划外开支或其他项目费用的增加。这有助于企业经营者掌握产品利润或销售成本急剧增长的情况，分析企业未来利润的发展趋势、获利能力。

（1）利润表的内容

利润表的内容主要包括构成主营业务利润的各项要素、构成营业利润的各项要素、构成利润总额的各项要素和构成净利润的（或净亏损）的各项要素。其相关的计算公式如下。

主营业务利润＝主营业务收入－主营业务成本－主营业务税金－附加的其他费用

营业利润＝主营业务利润＋其他业务利润－营业费用－管理费用－财务费用

利润总额＝营业利润＋投资收益－投资损失＋补贴收入＋营业外收入－营业外支出

净利润（净亏损）= 利润总额（或亏损总额）- 所得税费用

（2）利润表格式

利润表一般包含表头、基本部分和补充资料三部分。格式一般有单步式和多步式之分。单步式利润表就是将所有收入和所有费用分别加总，两者相减后得出本期利润。单步式利润表比较直观、简单，易于编制，但它无法将各类收入与费用之间的配比关系反映出来，所以不便于比较和分析。多步式利润表按性质将利润表的内容做多项分类，包括产品销售收入、主营业务利润、营业利润、利润总额、净利润等，分步计算当期净损益。此外，有时还有补充资料。这种格式通过清晰的项目对比，能够让人更清楚地知道企业是否赚钱、到底在哪儿赚钱。

（五）新创企业财务管理的有效策略

大学生新创企业要步入成功的轨道，财务管理至关重要。大学生创业者不仅要重视财务管理，还应当注重采用一些科学有效的财务管理策略：一是任用专业敬业的财务管理人员。在企业创办之初，对于财会人员尤其是高级财务主管，一定要任用精通财务管理的资深人士。此外，创业者还要尊重财务人员的管理行为，较多地听取专业财务人员的评估与建议。二是健全明晰的财务管理规章制度。规章制度是很好地约束和指导企业财务管理活动的重要工具。新创企业应当加强财务管理规章制度的制定，并根据实际情况不断地完善与健全。三是建立评价企业财务状况的工作机制，实施财务比率分析，如流动比率、杠杆比率、获利能力比率、存货周转期等。四是建立高效的财务监督机制。新创企业不仅要设立相关的审计岗位，进行企业内部的日常监督管理，还要接受企业外部如国家、地方财税或审计部门的审计、检查、清产核资、资产评估等。必要时，企业还应主动聘请独立的执行会计师进行公正审计。

三、大学生新创企业的人力资源管理

人是生产力诸多因素中最积极、最活跃的因素，是第一资源因素。因此，新创企业必须重视人力资源，重视人力资源管理。所谓人力资源管理，就是运用现代科学管理方法，通过招聘、甄选、培训、激励、调配等对企业内外相关人力资源进行有效运用,人尽其才,满足企业当前及未来发展的需要,以实现企业目标的一系列活动。

(一)新创企业人力资源管理的目标

对于人力资源管理而言,如何将适当的人在适当的时刻安排在适当的工作岗位上是最关键的。因此,新创企业人力资源管理的总体目标应当是发挥人的最大主观能动性,获得人力最大的使用价值。将这一目标具体化,则分为以下四个方面:一是有效运用人力资源,促进企业整体目标的快速有效完成。二是使组织成员建立良好的工作关系。三是使各层次的人力资源目标尽可能高效完成。四是让每个组织成员在企业中得到最大限度的发展。

为了实现上述目标,新创企业应努力选聘企业真正所需的各类人才,利用有效方式促使所聘人员在组织内充分发挥所长,同时为组织人才提供培训和发展机会。

(二)新创企业的人员招聘与选拔

新创企业在招聘员工前,一定要考虑以下问题:哪些岗位需要招聘员工?这些需要招聘的员工应具备哪些技能?需要招聘多少人?应支付多少工资?这些问题都弄清楚后再选择招聘渠道、选拔应聘者。

1. 选择招聘渠道

企业招聘人才通常有两种渠道:一是内部渠道,即从企业内部选拔人才;二是外部渠道,即从组织外部引进人才。对于新创企业来说,一开始不大可能从内部选拔人才,因此外部招聘就成为其获得人才的重要途径。外部招聘的渠道主要有校园招聘、求职中心、广告、职业介绍所、猎头公司、朋友或亲属推荐等。这些招聘渠道各有优缺点,企业人力资源管理者应综合考虑职位类型、职位空缺的数量、需要补充空缺的时间限制等各方面因素,选择最有效率且成本合理的渠道。

2. 选拔应聘者

企业通过一定的招聘渠道获得了一定数量的应聘者信息后,就可以进入选拔阶段。选拔的方式有多种,如面试、心理测试、评价中心测评等。新创企业由于自身条件存在不足，因而选拔时通常先审核应聘者的求职申请表，然后进行面试、测试，最终录用。其中，面试在选拔应聘者过程中非常关键。

（1）审核求职申请表

新创企业的人力资源管理者在审核求职申请表时，应注意以下三个方面。

第一，寻找应聘者所提交的申请表中与工作要求相符的关键词。

第二，判断应聘者以往工作经历中掌握的知识、技术、能力等与新工作所需知识、技术、能力之间进行转换的难易程度。

第三，审核应聘者所提交的申请表内容的真实与可靠程度。

（2）面试

面试，即招聘者与应聘者在特定的时间与地点依照事先计划好的目标进行相互沟通、相互观察等的一系列过程。这是新创企业在选拔人才时常用的一种方法。在面试时，招聘者往往需要通过对应聘者提出抽象或具象的问题，对其运用相关专业知识的能力或运用某种能力等进行考查，并通过问题了解应聘者的求职动机、工作经验、思维能力等。

①面试的形式。根据不同的标准，面试可被划分为不同的种类，如根据面试实施的方式可划分为单独面试与小组面试；根据面试的标准化程度可划分为结构化面试与非结构化面试；根据面试题目的内容可划分为经验性面试与情境性面试。

②面试的内容。面试的内容往往包括很多方面，但主要集中在应聘者的仪表风度、求职动机、专业知识与特长、能力、工作经验、工作期望、工作态度等方面。通过面试，企业的人力资源管理者能对应聘者有更进一步的了解。当然，面试是相互的。招聘者应当给应聘者以发表意见和提问的机会，让他们对企业进行评价，也让他们对企业及所应聘的工作性质有明确的认识。

③面试中招聘者的提问原则。对于招聘者而言，在面试过程中应遵循以下提问原则。

第一，问题的安排应尽量先易后难。

第二，提问方式力求通俗、简明。

第三，尽量按照不同的应聘者及其应聘职位而灵活地提问。

第四,多提一些思维发散的问题。

第五,避免让应聘者描述自身的某种能力或个性等。

(3)测试

有些企业的面试只是对应聘者进行初步的筛选,面试后还会对他们进行必要的测试。这里说的测试既可以是现场测试,也可以是心理测试。现场测试主要通过工作本身对应聘者进行测试,是一种较为实用的方法,直观、效果好。心理测试主要是对人的心理行为进行测验,是一种较为科学化的测试方法,能够帮助招聘者更深入地了解应聘者。

(4)录用

在最终录用人才时,经常会出现合格人选少于所需人员数量或合格人选多于所需人员数量的情况。当出现前者时,招聘者应避免用人的将就心理,要按标准继续进行招聘与选拔。当出现后者时,招聘者可按照以下三个原则录用:一是重工作能力和工作经验;二是重工作动机;三是考虑任职条件的适用性。

新创企业一旦决定录用某应聘者,就要及时向应聘者发送录用通知。对于没有被录用的人,企业也应当发送辞谢通知。

3. 招聘注意事项

企业在初创期往往很难留住人才,人才流动非常频繁。这主要因为两点:一是新创企业在员工的工资待遇方面无法吸引人才;二是新创企业对人员的要求相对比较灵活,业务多是短平快的。对此,新创企业首先必须在观念上有所突破,不能囿于传统惯性招聘思维模式,具体可从以下五点入手。

第一,准确、清晰地定位用人需求和标准,以够用为原则。

第二,在成本允许的条件下,选择多样化的招聘渠道,从而广招人才。

第三,多招些一专多能的多面手员工,看重员工的创造性。

第四,注意营造机会均等,公正、公平竞争的环境,以使优秀的管理者脱颖而出,促进企业发展。

第五,避免"近亲繁殖",应以综合素质为标准来招聘和选拔人才。

4. 招聘效果评估

受资金状况所限,新创企业往往不会将大量的资金花在招聘上,因此,招聘效果评估对象主要是招聘成本和录用人员质量和数量。如果成本低，而企业所录用到的人员质量高，那就意味着招聘效率高；反之，招聘效率低。如果成本低，企业录用到的人数多，那也意味着招聘效率高；反之，招聘效率低。这可以用以下公式表示。

$$单位招聘和选拔费用比 =（总经费/录用人数）\times 100\%$$

至于对录用人员的评估，可以通过以下公式中的人员录用比、招聘完成比、应聘比获得相关信息。

$$人员录用比 =（录用人员/应聘人数）\times 100\%$$

根据公式，人员录用比越小，录用人员的素质就越高；反之，则较低。

$$招聘完成比 =（录用人数/计划录用人数）\times 100\%$$

根据公式，如果招聘完成比等于或大于100%，就表明完成或超额完成预定的计划；如果小于100%，则表明没有完成预定的计划。

$$应聘比 =（应聘人数/计划录用人数）\times 100\%$$

根据公式，如果应聘比较大，表明发布招聘信息的效果较好，录用人员的素质也相对较高；如果应聘比较小，表明发布招聘信息的效果不太好，录用人员的素质也相对较低。

（三）新创企业的员工培训

为了使人力资本产生更大的价值，企业一般会对员工进行培训。培训是培训者有计划、有步骤地传授给员工完成本职工作所必需的相关知识、技能、价值观念、行为规范的过程。它是企业所有投资中风险最小、收益最大的战略性投资。因此，新创企业必须重视员工培训。

1. 员工培训的方式

新创企业的员工培训方式主要有以下三种。

（1）职前培训

职前培训主要针对的是新员工，培训方式主要有发放员工手册，开展专业讲解、座谈会、实地参观等。这种培训主要是让新员工了解企业的基本情况，掌握相应岗位必要的工作技能和基本的工作流程，并帮助他们规划、设计在企业的个人发展。另外，职前培训还要使新员工认同企业提倡的价值理会和行为规范，培养其对企业的荣誉感和归属意识。

（2）在职培训

在职培训顾名思义针对的是在职员工。它是指员工不脱离岗位，接受企业定期的或不定期的业务培训。主要培训方式有师带徒、岗位指导训练、岗位轮换等。师带徒即师傅带领和指导徒弟，是指由一位有经验的高技术员工或直接主管人员在工作岗位上对经验不足的员工进行在职的培训与指导。岗位指导训练是指员工在培训者的指导下，通过一步步专门训练，完成由一系列的逻辑步骤组成的工作任务。岗位轮换是指让一个员工在某个岗位工作、学习一段时间后，按照计划调换到另一个岗位上进行工作、学习。

（3）业余自学

业余自学是指员工利用业余时间参加各种培训，既可以是学历教育培训，也可以是职业资格或技术等级培训。企业应该积极支持员工业余参学，并给予一定比例的费用报销。

2. 员工培训的流程

为了提升培训的计划性和针对性，企业应当注意建立系统规范的培训管理流程。对于新创企业而言，根据自己的现状可设计以下员工培训流程。

（1）分析培训需求

在新创企业的培训中，培训管理人员首先应当分析并明确培训需求，找出组织中员工欠缺的知识与技巧或由此而造成绩效不佳的表现，从而确定培训的内容、目标、方法等。

（2）制订培训计划

培训计划主要包括培训对象、目标、时间、实施机构、方法、课程、教材、设施等内容。其中，对培训对象的选择必须认真、精确；培训目标包括操作与标准，操作描述的是员工在培训结束后要会做什么，标准是有效测量培训结果的依据，要注意根据培训的实际情况及时修改、调整培训目标；培训时间要以培训人员的素质水平、培训目标、培训种类为依据进行确定；培训实施机构既可以由企业内的固定部门负责，也可以由企业外的专业培训机构负责；培训方法、课程和教材要根据企业的规模、经费、培训对象和内容等进行选择；培训设施则要从视觉效果、听觉效果等方面入手去布置。

（3）设计和实施培训课程

在员工培训过程中，培训课程体系的设计是非常重要的。有些企业在培训方面花费了很大的人力、物力、财力，但收效甚微，主要原因就是培训课程不具有系统性和针对性。所以，新创企业要根据不同岗位系列和岗位层级设置不同的培训课程体系。例如，设置新员工培训、岗前技能培训、员工发展培训、管理人员培训等。新创企业设计好培训课程之后，就应当有计划地实施培训。

（4）评估培训效果

培训效果的评估一般较为复杂，难以用量化的指标衡量，因此评估人员应将重点放在过程、方法、行为变化上。此外，培训效果的最终评估结果应尽量与员工的切身利益结合起来，如结合员工的加薪、晋升等。

（四）新创企业的绩效考核与薪酬设计

对于一个企业来说，员工的绩效考核和薪酬管理是关系组织生存与发展的关键内容。新创企业一定要根据自身的实际条件，设计合理、灵活、带有战略前瞻性的考核标准和薪酬制度。

1. 绩效考核

绩效考核是指企业依据相应的工作目标和绩效标准，通过科学的考核方法，对员工自身素质及业绩情况进行考察与评估，并将评定结果反馈给员工个体的过程。它是人力资源管理中一项重要的基础性工作。通过绩效考核能够为企业日常的人力资源管理提供依据，能够帮助员工提高绩效、谋求发展，能够提高企业管理效率与工作质量。

绩效考核的形式主要有上级考核、同事评议、自我鉴定、下级评议、外部评议、现场考核。其内容既有对员工工作业绩的考核，也有对员工能力、工作表现的考核。

企业员工绩效考核方法大体上有定性分析方法和定量分析方法。新创企业正处于企业创建初期，对于管理、决策人员的考评以定性分析方法为主，可以绩、勤、能、德为指标，必要时还可以进一步细分，并进行不同等级的评价。对于生产、销售人员的绩效考核，以定量分析方法为主，具体方法如查询记录、书面报告、考核表、比较排序等，用与绩效（或成果）相联系的数量指标对人员进行考评。

绩效反馈也是绩效考核过程中的一个重要环节。它是指考核者向被考核的员工反馈其考评结果，让其了解自己工作情况。当然，绩效反馈的目的不只在于让员工了解自己在考核期内的工作业绩表现，还在于让组织管理者和员工双方对考核结果达成一致的看法，以及双方共同探讨绩效未达标的原因所在，并制订切实可行的绩效改进计划。因此，管理者应该根据绩效考核获得的信息和结论与员工进行面谈，针对员工的优点进行表扬，针对员工的缺点给予一定的指导。在绩效反馈中，考核者应注意做到以下三点：一是及时向被考核员工反馈考核结果；二是尽可能公布相关的分析结果，以使每个被考核员工既了解自己，也了解他人；三是认真分析和处理绩效反馈的结果。

2. 薪酬设计

薪酬设计是企业人力资源管理中矛盾最多、难度非常大的一项工作，也是非常重要的一项工作。因为薪酬是企业的成本支出，也是企业激励个体行为的主要手段。合理、具有吸引力的薪酬制度无疑能够激发员工的积极性，促进企业目标的实现。因此，新创企业应当从一开始就设计好薪酬制度。

新创企业设计薪酬制度时要充分考虑外部因素和内部因素。外部因素如劳动力成本、产品市场风险共担、劳动立法等。内部因素如员工的工作与能力、绩效与资历等。设计过程中则应注意遵循如下原则：其一，简明、实用；其二，高工资、低福利；其三，增加激励力度；其四，建立绩效工资制度；其五，避免差距过大或者过小。

3. 薪酬制度

薪酬制度是由企业根据劳动的复杂程度、精确程度、繁重程度和劳动条件等因素，将各类薪酬划分等级，按等级确定薪酬的一种制度。薪酬制度设计是一个系统工程，它以岗位分析与评价、薪酬调查和绩效考核为基础，一般有如表6-1所示的八个步骤。

表 6-1　设计薪酬制度的步骤

步骤	内容
薪酬调查	了解同行业、地区市场水平及员工薪酬满意度
增资实力	了解公司增资或人力成本承担水平
薪酬结构	确定不同员工的薪酬构成及各构成项目所占比重
岗位评价	确定薪酬等级及固定薪酬岗位、能力及工资标准
绩效考核	确定浮动薪酬，奖金或年终分红水平
特殊津贴	确定津贴工资项目及水平
长期激励	确定长期激励方式及激励力度，如股利、分红水平
评估调整	执行薪酬制度，评估公平性、竞争性等特征，及时修正偏差

四、大学生新创企业的市场营销管理

市场营销管理是企业管理的重要组成部分。因此，大学生想要创业成功，就必须做好市场营销管理，不仅充分保证组织的利益，也充分考虑各利益方的需求。

（一）市场营销的经典理论

大学生新创企业要想实施好营销管理，首先应掌握一些经典的市场营销理论。4P、4C、4R 理论是营销界最为著名的理论，以下进行简要说明。

1.4P 理论

20世纪60年代，密歇根大学教授杰罗姆·麦卡锡在他的《基础营销》一书中首次将企业的营销要素归结四个基本策略的组合，即产品（product）、价格（price）、促销（promotion）和渠道（place）。这就是著名的4P理论。其中，产品包含核心产品、实体产品和延伸产品。价格主要是定价问题，其方法包括成本加成法、竞争比较法、市场空隙法、目标利润法等，采用这些方法的目的主要是将产品变为可交换的商品。促销包括人员推广、广告、公关活动和销售促进。渠道即销售路径，当前以人员直销、电话直销、电视直销、专卖店直销、网络直销、选取代理商的中间销售等为主要路径。

随着服务业的迅速发展，20世纪70年代，学者们在4P理论的基础上陆续增加了"人"（people）、"包装"（packaging）、公共关系（publications），政治（politics）因素，发展成了8P理论。后来，人们开始重视营销战略计划，又提出了战略计划中的4P过程，即研究（probing）、划分（partitioning）即细分

（segmentation）、优先（prioritizing）、定位（positioning），营销组合理论演变成12P理论。不过，4P理论始终是人们公认的营销的基础工具，作用显著。该模式将企业营销分为三个圈，内圈表示企业内部环境，属于可控因素，包括产品、价格、渠道和促销；外圈表示企业外部环境，属于不可控因素，包括社会/人口、技术、经济等；中圈则表示产业链环境，包括营销中介单位、供应商、公众、竞争者。

2.4C 理论

到了20世纪90年代，市场竞争异常日益激烈，媒体发展迅猛，消费也越来越讲究主权和个性，因而传统的4P理论受到人们的质疑，弊端也越来越明显，尤其是其以企业（生产者）为中心，对顾客是整个营销服务的真正对象这件事有所忽略。在这种情况下，4C理论应运而生。它以顾客为导向，是由美国学者劳特朋教授提出的。所谓4C，即顾客需求（consumer's needs）、（顾客愿意支付的）成本（cost）、沟通（communication）、便利性（convenience）。

（1）顾客需求

顾客需求不仅强调顾客的显性需求，还强调顾客的潜在需求，前者主要是为了迎合市场，后者则主要是为了引导市场。企业只有真正分析和了解顾客需求，才能制定科学的营销战略，选择正确的目标市场，促进企业的发展。

（2）成本

顾客购买产品，以及在熟悉使用产品上所发生的费用就是这里所谓的成本。企业如果能够综合考虑这些成本，那么设计出的产品会更容易满足目标客户群的真实需要。

（3）沟通

以竞争为导向制定促销策略是大多数传统企业的做法，这种做法很容易让企业陷入恶性竞争中。而新的市场环境需要企业以顾客为导向制定促销策略。以顾客为导向是企业提高自身竞争力的重要决策。其需要企业与顾客做好沟通，尤其是顾客参与和互动。

（4）便利性

便利主要是通过一定的方式将顾客与产品的物理距离和心理距离缩短，从而让产品有更大的概率被选择。

其实,与4C理论关联性很强的4S理论往往是与4C一同被提到的。4S指满意(satisfaction)、服务(service)、速度(speed)和诚意(sincerity)。其强调的是消费者战略,强调从消费者需求出发,要求企业根据消费者需求改进产品、服务、品牌,最大限度地提升消费者的满意度,让消费者忠诚于企业。

3.4R 理论

随着社会的不断进步,4C理论也开始显露出了一定的局限性。这主要表现为当顾客需求与社会原则、社会道德发生冲突时,顾客战略的适应性变得非常低。例如,当社会倡导环保,倡导节约消费时,顾客的奢侈需求就开始被社会舆论限制了。于是,以关系营销为核心的4R理论被美国的唐·舒尔茨提出。4R即关系(relationship)、反应(reaction)、关联(relevancy)和报酬(rewards)。4R营销理论注重企业和客户关系之间长久的持续互动,同时重视企业的利益和消费者的需求,在满足消费者的需求上不仅要积极地适应消费者的需求,而且要主动地创造一些机会,与客户形成独特的关系,满足其潜在的需求。

在4R理论的基础上,人们针对高技术产品与服务又提出了4V营销组合理论,以便适应高科技产业的迅速发展。所谓4V,即差异化(variation)、功能化(versatility)、附加价值(value)和共鸣(vibration)。它强调顾客需求的差异化,强调商品功能的多样化,以使顾客、社会与企业产生共鸣。随着网络营销的推广与应用,人们又提出了网络整合营销的4I原则:趣味(interesting)、利益(interests)、互动(interaction)和个性(individuality)。

总之,营销理论随着社会的发展而不断演绎发展,各种理论相互联系,逐步变得更深入和完善。

(二)新创企业的营销机构和营销管理制度

1.新创企业的营销机构

企业的营销机构一般设立市场部和销售部两个部门,不同部门有不同职责。对于新创企业而言,营销机构一般不会一下子就完善,当然也没有必要一步到位,通常是先建立销售部,等到企业的销售工作走上正轨,再逐渐完善市场部的功能,并最终单独设立市场部。

2. 新创企业的营销管理制度

对于新创企业而言,要想使整个营销流程科学化、标准化,就必须建立起科学的营销管理制度。因为制度不仅是用来指导人们行为的尺度,也是保证事情顺利进行的重要依据。不同行业,其销售管理制度关注的侧重点有所不同。例如,消费品行业的销售更强调标准化管理,为提高销售人员的工作效率,加强时间管理,熟悉拜访路线图、拜访流程。渠道铺货率与销售额是正相关关系。与之不同的是,工业品行业的销售管理模式侧重销售精准程度的提高,因此在前期准备、计划方面要付出更多的努力,逐步推进整个销售过程,有策略地促成客户采取行动。工业品的销售特点是销售额大、销售周期长,面对的都是大客户,需要多次拜访才可能获得订单。相应地,工业品企业应该分步考核销售人员,针对不同的销售进展阶段给予不同比例的提成。

(三)新创企业的市场定位

20世纪70年代,美国营销学家艾·里斯和杰克·特劳特提出了市场定位这一概念。所谓市场定位,就是指在市场上给本企业产品确定适当的位置。新创企业要做好市场定位,就应在以下三方面多做努力。

1. 选择合适的市场定位方式

市场定位方式主要有避强定位、迎头定位、创新定位、重新定位这四种。新创企业一定要根据自身实际情况选择合适的定位方式。

(1) 避强定位

避强定位,是指企业避开强有力的竞争对手,将自己的产品定位在另一个没有竞争的区域内,使自己的产品的某些特征或属性区别于其他企业的产品。这种定位方式的优点是所承担的市场风险较小,能够迅速在市场上站稳脚跟,并在消费者心中尽快树立起一定的形象,因此常被新创企业采用。

(2) 迎头定位

迎头定位又称"竞争性定位""对峙性定位""针对式定位",是指企业直接与实力最强或较强的竞争对手发生正面竞争,从而使自己的产品获得与对手相同的市场位置。采用这种方式能够在很短的时间内引人注目,甚至有可能产生轰动效应,进而树立自己的市场形象。然而,作为新创企业,采取这种方式时应该要做到知己知彼,选择恰当的市场进入时机与地点,否则损失惨重。

(3)创新定位

创新定位,是指企业寻找新的、尚未被占领但又有潜力的市场领域,用本企业的特色产品填补市场空白。采用这种定位方式,企业一定要明确创新定位所需的产品在技术上、经济上是否具有可行性,有没有足够的市场容量,是否能够真正为企业带来合理而持续的经济利益。

(4)重新定位

重新定位又称为"二次定位",是指企业对那些销量小、市场反应差的产品重新进行定位。这是一种以退为进的定位方式,它能够帮助企业摆脱经营困境,寻求新的竞争力。不过,需要注意的是,重新定位并不一定是因为企业陷入了困境,也可能是因为发现了新的产品市场范围。

2. 新创企业市场定位的步骤

新创企业进行市场定位,可以通过以下三个步骤来完成。其一,分析目标市场的现状,确认本企业潜在的竞争优势。其二,准确选择竞争优势,对目标市场初步定位。其三,显示独特的竞争优势和重新定位。

3. 新创企业市场定位的角度和战略

(1)市场定位的角度

在成熟的市场上,原有产品已经在消费者心目中形成了一定的形象,占有了一定的地位,因而新创企业的产品想要立足有非常大的难度。此时,选对市场定位的角度很关键。新创企业在进行市场定位时,可以从消费者利益、产品特色、使用场合、竞争等角度进行市场定位,以顺利在市场上占据一定的位置。

(2)市场定位的战略

新创企业在市场定位中可以采取以下有效战略。

①产品差别化战略。这是指企业在产品质量、产品款式等方面多加努力,展现出一定的差别优势。

②人员差别化战略。这是指企业通过聘用和培训获得比竞争对手更优秀的人员,以获取差别优势。

③形象差别化战略。这是指当企业产品的核心部分与竞争对手雷同时,全

力塑造不同的产品形象来获取差别优势。

④服务差别化战略。这是指企业力求向目标市场提供与竞争对手不同的优质服务，来获得竞争优势。

（四）新创企业市场细分

市场细分，是指企业的营销人员通过市场调研，按照消费者在需要、欲望、购买行为和购买习惯等方面的差异，将本企业产品的总体市场划分为若干具有共同特征的子市场。新创企业在进行市场细分时，应重点把握以下三个方面。

1. 市场细分的划分依据

新创企业在进行市场细分时，应该充分考虑以下四个因素的具体情况。

（1）地理环境

在不同地理环境下的消费者往往对产品有不同的需求和不同的喜好。例如，我国北方人在口味上偏咸，而南方人喜甜。因此，新创企业在进行市场细分时一定要考虑消费者的地理环境。

（2）人口和社会经济状况

人口、社会经济状况包括消费者的性别、年龄、家庭规模、职业、收入、受教育程度、民族、家庭等。这些方面与消费者的欲望、偏好等密切相关。

（3）购买行为

消费者购买的着眼点、购买频率、偏爱和忠诚的程度等方面也可以作为企业划分不同消费者群体的重要依据。

（4）购买心理和生活方式

消费者的个性心理特点和生活方式也会对其购买行为产生影响，因此，企业在进行市场细分时，还应当将消费者的心理因素和生活方式作为重要依据。例如，一些服装生产企业，就是根据消费者的心理特点和生活方式设计不同风格的服装，或者是简朴感的，或者是时髦感的，或者是其他气质的。

需要注意的是，新创企业进行市场细分时不应拘泥于上述划分依据，完全可以根据自己的实际情况选择其中与本产品消费者关联性最强的具体项目。

2. 市场细分的层次

新创企业市场细分的层次主要根据细分粗略程度的不同来划分，具体分为大众市场、细分市场、补缺市场、微市场等。

（1）大众市场

大众市场即广泛市场，是指企业对所有顾客采用同一种方法进行大批量生产、分销和促销。这种市场能够降低企业的生产成本和经营费用，而且有可能创造最大的潜在市场。不过，由于大众市场模式下的分销渠道过多，很多时候难以接触到所有的潜在消费者。

（2）细分市场

细分市场，是指企业将整个市场划分为几个不同的细分市场，而每个细分市场的消费者具有相似需求，据此为每一个细分市场提供相应的产品和营销方案。细分市场能够让企业根据自己的服务能力，有针对性地向市场提供产品，能够让企业根据选定的细分市场对营销方案进行调整，能够减少企业面临的竞争。

（3）补缺市场

补缺市场比细分市场更细，也叫亚细分市场。在补缺市场，竞争者也更少，企业能更了解消费者的独特需求，而为了满足自己的特定利益，消费者也愿意支付更高的价格。其虽然可能只吸引一两个竞争对手，但对新创企业而言是有较为重要的意义的。

（4）微市场

微市场主要包括本地化市场和个人市场。

①本地化市场。本地化市场会让企业为本地顾客群体（贸易街区，甚至个性化商店）的需求和需要量身定做营销方案。这种营销方案能更好地满足本地消费者的需求，但也可能因规模减小而拉升成本。

②个人市场。这种市场针对个人进行定制营销或者一对一营销，这能够使企业面向大众准备个性化设计的产品、方案和沟通，以满足不同顾客的要求。但定制营销要求企业具有过硬的软硬件条件，这很容易导致市场营销工作复杂化，增加经营成本与经营风险。

3.市场细分的程序

新创企业无论是细分生活消费品市场还是生产资料市场，如果能够按照一定的程序进行，那么就能够较为容易地满足细分市场的基本要求。

一般来说，新创企业可按照以下程序进行市场细分：识别细分市场→收集研究信息→拟订综合评价标准→确定营销因素→提出市场营销策略。其中，在确定营销因素时，不仅要估计总市场潜力、分析市场营销机会，还要估计每个子市场潜力、分析市场营销机会和利润潜力。

（五）新创企业产品定价

在所有营销策略中，价格是直接与收入挂钩的关键因素，也是市场竞争的基本武器。由于在市场经验和专业知识方面都相对缺乏，大学生创业者常常是凭感觉进行产品定价的，最常见的误区就是认为薄利多销，不敢定高价，这很容易使新创企业在应对竞争与市场变化时失去灵活性，以致陷入被动状态。其实，产品定价的核心问题就是如何向消费者证明这个价格是合理的。

1. 产品定价考虑的因素

新产品定价主要考虑以下四个因素。

（1）消费者的价值认知

这主要指消费者最高愿意花多少钱来满足自身的需求，这是产品定价的上限。

（2）产品的成本

新产品的价格应该高于成本，这是定价的底线。

（3）竞争对手的价格

新创企业的产品价格一般要参照竞争对手的价格，或稍微高，或稍微低。

（4）未来的调整空间

基于产品的生命周期综合定价，要考虑产品价格对企业其他产品的影响。

2. 产品定价方法

产品的定价方法主要有：成本加成定价法、认知价值定价法、通行价格定价法、拍卖式定价法，每种方法的适用情况有所不同。新产品的定价高低主要看其创新程度如何，以及竞争对手模仿速度的快慢。如果新产品创新程度非常高，甚至可以引领潮流，那么完全可以定高价。如果竞争对手能够快速模仿，则应该在价格方面比对方略低一些，以迅速抢占市场份额，对抗竞争对手。

3.产品定价策略

产品定价策略主要有:撇脂定价策略、渗透性定价策略、组合定价策略。

(1)撇脂定价策略

撇脂定价策略,即以高价位来获得高额市场利润。该策略成功的条件是:市场需求量充足;市场价格敏感度低,需求弹性小;产品品质及功能良好;竞争者在短期内难以进入市场;即使生产成本规模小,利润仍充足。

(2)渗透性定价策略

渗透性定价策略,即以较低的价格打入市场,期望获得较高的市场占有率。该策略的成功条件是:市场需求足够大、消费者价格敏感度高、批量生产能获得显著的成本规模效益、低价是减少潜在竞争者的最佳策略。如果产品的创新程度有限,则比较适合采用渗透定价策略。

(3)组合定价策略

组合定价策略,即在一系列关联性很强的产品中,将主产品价位降低,甚至可以降低到成本以下,以吸引更多的顾客,而配置的附属品则定高价,以获取尽可能多的利润。典型的例子如彩色喷墨打印机与喷头。

从根本上说,企业必然以盈利为首要目标,因而定价要兼顾销售效率和企业效益。

(六)新创企业营销渠道的建立与管理

1.营销渠道的建立

营销渠道就像桥梁一样,连接着企业的产生与销售。营销渠道的畅通与稳定往往关系着企业产品的整个流通过程。因此,大学生在创办企业时一定要注重构建高效的营销渠道。一般来说,应从以下三方面入手。

(1)选择合适的营销渠道模式

企业的销售渠道模式有分销、批发、零售、连锁经营等。分销渠道根据有无中间环节和中间环节的多少可以分为生产者—消费者、生产者—零售商—消费者、生产者—批发商或代理商—零售商—消费者、生产者—代理商—批发商—零售商—消费者这几种类型。新创企业无论是在经济实力方面,还是知名度和市场管理能力方面,都难以对抗成熟的企业,因而要根据自身条件选择营销渠道模式。此时，新创企业在做好系统规划的基础上也不必拘泥于过分规范的销售政策和市场规范，重点是做好产品的大量铺市和流动销售。

（2）选择合适的经销商

新创企业可以选择和自己一样刚起步的经销商，因为它们也需要企业的支持，因此忠诚度也很高，双方可以发展长久的良好合作关系。

（3）设计可控的营销渠道结构

新创企业在构建营销渠道时，还应设计可控的营销渠道结构。所谓营销渠道结构，就是指营销渠道的宽广度、深度和长度。由于新创企业缺乏一定的管理能力，在营销渠道的宽广度上可能不太适合下太多功夫，因而应把重心放在挖掘营销渠道的深度方面，提倡零售终端的多样性。一般来说，新创企业在经济实力、知名度和市场管理能力等方面都相对薄弱，因而应选择窄而长的深渠道结构。

2. 营销渠道的管理策略

（1）严格管理渠道经销商

管理新创企业的营销渠道，要注重设置专门的管理人员严格管理渠道经销商，对其销售情况进行跟踪，及时了解并掌握其库存情况、资金信用情况、每个产品的销售情况、经销商经营竞争商品的情况等。管理渠道经销商，不应停留在表面的"管"上，更重要的是使经销商与新创企业的市场战略保持一致，融入新创企业的文化。

（2）采取有效的激励措施

对经销商采取公平有效的激励措施，如年终返点、销售竞赛等活动，也是新创企业有效管理营销渠道的一个重要策略。激励措施要与整体的销售政策相适应，对经销商的销售潜力有整体的把握。奖励目标不能太大也不能太小，否则就无法起到激励的作用。

（3）有计划地收缩，有步骤地扁平

当新创企业发展到一定的规模时，管理者要注意适当地收缩营销渠道，有步骤地实现扁平化，使销售网点分布更加科学。首先，新创企业还要进一步扩大市场渗透指标，控制总经销商的势力范围，但又不影响经销商的收益；其次，新创企业要以新产品招商为由,进行补充型区域招商,逐步扩大自己的营销渠道。

(七)新创企业的市场营销策略

1. 市场进入策略

所谓市场进入,就是指新创企业根据自己的市场战略而进入一个还没有被开发或是还没有被完全开发的区域或领域的行为和过程。市场进入的方式主要有以下两种。

(1)逐渐渗透式

逐渐渗透式主要是指缓慢进入市场并逐步占领市场的方式。这是一种蚕食式的市场进入方式。它的优势在于其采取的是渐进式的执行过程,企业可以根据不断变化的情况适时调整产品的营销策略,一步步将市场范围扩大,将竞争者比下去;还在于其能够在新生的市场中试验产品的进入能力、吸引力和竞争能力。不过,这种市场进入方式也有一定的缺点,即市场占有速度较缓慢,而新创企业往往需要尽快进入市场。

(2)大刀阔斧式

大刀阔斧式主要是以高强度的广告(宣传)轰炸或大规模的公关活动等手段,在较短的时间内进入市场,占据较多的市场份额。这种市场进入方式往往依据的是强大的市场攻势。企业虽然能尽快进入市场,获得收益,但也面临较大的风险,容易陷入困境。因此,新创企业想要采用这种市场进入方式,就应当对市场有非常透彻的了解并制定完善的营销策略,同时准备好合适的后备反应策略,以有效应对突发情况。

2. 产品引入期、成长期的营销策略

产品的引入期和成长期,是产品生命周期中非常重要的两个时期。这两个时期的营销策略自然也极为关键。

(1)产品引入期的营销战略

新创企业在进行营销管理时,意味着自己的产品准备走向市场。无论创业企业生产的是什么,都意味着这些产品开始进入产品生命周期的引入期。此时,销售增长趋于缓慢发展。在这一时期,营销人员一般重点考虑价格和促销两个方面，而这两个方面可采取的策略主要有以下四种。

①快速掠取策略。这是指以高价和高促销水平的方式推出新产品。处于以下几种情形时，新创企业可以采取这一策略：潜在市场的大部分人还没有意识到该产品；知道该产品的人渴望得到它并有能力照价付款；企业面临潜在的竞争对手；企业想建立品牌偏好。

②快速渗透策略。这是指以低价格和高促销水平的方式推出新产品。处于以下几种情形时，新创企业可以采取这一策略：市场较为庞大；市场上还没有该产品；大多数购买者对价格敏感；潜在的竞争非常激烈；随着生产规模的扩大和制造经验的积累，企业的单位制造成本已经下降。

③缓慢掠取策略。这是指以高价格和低促销水平的方式推出新产品。处于以下几种情形时，新创企业可以采取这一策略：市场规模有限；大多数市场上已经存在这种产品；购买者愿出高价；潜在竞争者的压力并不迫在眉睫。

④缓慢渗透策略。这是指以低价格和低促销水平的方式推出新产品。处于以下几种情形时，新创企业可以采取这一策略：市场较为庞大；市场中该产品的知名度较高；消费者对价格相当敏感；存在一些潜在的竞争者。

（2）产品成长期的营销战略

当产品的销售量迅速增长时，证明企业的产品进入了成长期。在这一时期，有大规模的生产和利润机会吸引新的竞争者开始进入该市场。为了尽可能维持市场增长，创业者可采取以下营销策略：一是进入新的细分市场；二是进入新的分销渠道；三是提高产品质量和增加新产品的特色和式样；四是在适当时候降低价格，吸引对价格敏感的消费者；五是广告更注重产品偏好。

参考文献

[1] 张钱，李强，詹一览.大学生创新创业教育教程[M].上海：上海交通大学出版社，2017.

[2] 侯力红，姬春林.互联网+大学生创新创业教育研究[M].北京：科学技术文献出版社，2017.

[3] 詹一览，杨宇，李强.大学生创新创业教育教程·实训课程[M].上海：上海交通大学出版社，2017.

[4] 王林清.大学生创新创业教育蓝皮书·英才成长之路[M].武汉：中国地质大学出版社，2017.

[5] 耿丽微，赵春辉，张子谦.高校大学生创新能力培养与创业教育研究[M].成都：电子科技大学出版社，2017.

[6] 王艳茹，王金诺.大学生创新创业指导[M].成都：电子科技大学出版社，2017.

[7] 杨洪涛，周文，汤钦林.大学生创新创业指导[M].成都：电子科技大学出版社，2017.

[8] 舒良荣，杨颖.大学生创新创业基础[M].北京：国家行政学院出版社，2017.

[9] 付永生，何鹏.大学生创新创业基础[M].北京：北京理工大学出版社，2017.

[10] 李学东，顾海川，刘万兆.创新创业管理[M].北京：北京邮电大学出版社，2017.

[11] 连银岭.大学生创新创业教育[M].北京：北京理工大学出版社，

2018.

[12] 郑楠,闫贤贤,黄卓.大学生创新创业教育[M].北京:北京理工大学出版社,2018.

[13] 卿臻,罗兰芬.大学生创新创业教育[M].北京:国家行政学院出版社,2018.

[14] 葛茂奎.大学生创新创业教育与探索[M].长春:吉林出版集团股份有限公司,2018.

[15] 王静,常宇靖.核心价值观指导下的大学生创新创业教育研究[M].长春:东北师范大学出版社,2018.

[16] 孙金云.大学生创业概论与实践[M].北京:机械工业出版社,2018.

[17] 罗晓彤.大学生创新创业基础[M].成都:四川科学技术出版社,2018.

[18] 戚健,张雅伦,张丽丽.大学生创新创业实训[M].北京:北京理工大学出版社,2018.

[19] 谭永军,李德华.大学生创新创业故事[M].北京:光明日报出版社,2018.

[20] 吴晶鑫,凌邦如.大学生创新创业基础[M].北京:国家行政学院出版社,2018.

[21] 王青迪.大学生创新创业教育与就业指导[M].上海:上海三联书店,2019.

[22] 李建庆.大学生创新创业教育研究[M].成都:四川大学出版社,2019.

[23] 陈审声.基于"互联网+"视角下的大学生创新创业教育[M].北京:冶金工业出版社,2019.

[24] 李子毅,刘佩.大学生创新创业指导[M].北京:北京理工大学出版社,2019.

[25] 陆相欣,许述敏,孙体楠.大学生创新创业基础[M].武汉:华中师范大学出版社,2019.

[26] 张晓蕊，马晓娣，岳志春．大学生创业基础 [M]．北京：北京理工大学出版社，2019．

[27] 赖先志，郑栋之．大学生创新创业实践指导教程 [M]．成都：电子科技大学出版社，2019．

[28] 王君，徐鹏，赵玉真．大学生创新创业与就业指导教程 [M]．成都：电子科技大学出版社，2019．

[29] 李贺，王畅．大学生创新创业基础 [M]．北京：北京理工大学出版社，2019．

[30] 李时菊，袁忠．创新与创业教育 [M]．北京：中国医药科技出版社，2019．

[31] 盛义保，付彦林．大学生创新创业教育基础 [M]．合肥：合肥工业大学出版社，2020．

[32] 滕智源．"互联网 +"时代大学生创新创业教育研究 [M]．北京：中国原子能出版社，2020．

[33] 石燕捷．大学生创新创业教育新模式研究 [M]．天津：天津科学技术出版社，2020．

[34] 经巧平．大学生创新创业教育理论与实践研究 [M]．北京：中国原子能出版社，2020．

[35] 吴放，姚远．社会主义核心价值观融入大学生创新创业教育研究 [M]．成都：四川大学出版社，2021．

[36] 肖立章．慕课背景下的大学生创新创业教育与能力培养研究 [M]．北京：北京工业大学出版社，2021．

[37] 陈建．大学生创新与创业基础 [M]．北京：北京理工大学出版社，2021．